乌鲁木齐市智能交通系统标准化
探索与实践

Intelligent Transportation System Standardization of Urumqi:
Exploration and Practice

洪晓龙　程志华　刘玉东　编著

同济大学出版社
TONGJI UNIVERSITY PRESS
·上海·

图书在版编目(CIP)数据

乌鲁木齐市智能交通系统标准化探索与实践 / 洪晓龙，程志华，刘玉东编著. —上海：同济大学出版社，2023.5

ISBN 978-7-5765-0845-1

Ⅰ. ①乌… Ⅱ. ①洪… ②程… ③刘… Ⅲ. ①城市交通系统—智能系统—标准化—研究—乌鲁木齐 Ⅳ. ①U491.2-65

中国国家版本馆 CIP 数据核字(2023)第 090077 号

乌鲁木齐市智能交通系统标准化探索与实践

洪晓龙　程志华　刘玉东　**编著**

责任编辑　陆克丽霞　**责任校对**　徐春莲　**封面设计**　陈益平

出版发行　同济大学出版社　www.tongjipress.com.cn
(地址:上海市四平路 1239 号　邮编:200092　电话:021-65985622)
经　　销　全国各地新华书店
排　　版　南京文脉图文设计制作有限公司
印　　刷　常熟市华顺印刷有限公司
开　　本　787mm×1092mm　1/16
印　　张　6.75
字　　数　168 000
版　　次　2023 年 5 月第 1 版
印　　次　2023 年 5 月第 1 次印刷
书　　号　ISBN 978-7-5765-0845-1

定　　价　46.00 元

编　委　会

主要编著人员

洪晓龙　程志华　刘玉东

参编人员

刘　湘	巨　伟	王亚群
杨　春	尼曼·西力	谢石磊
任梓璇	依不拉依木江·沙吾尔江	

前　言

乌鲁木齐市交通规划、建设和运行管理的各个部门已经开始了一定规模的交通信息化项目建设。目前，乌鲁木齐市正处在交通信息化、智能化大发展阶段。但是，乌鲁木齐市各交通信息化系统均是由不同单位各自建设的，标准化工作相对滞后，存在一系列问题，如交通信息资源分散、交通基础地理信息缺乏基础编码规范、交通数据一致性规范化缺乏指导标准、交通信息采集和应用缺乏统一的技术要求、数据交换共享缺乏规范约束、现有交通数据质量不高、交通信息化系统的运行维护体制和机制尚未建立等。

智能交通系统标准体系是指为实现智能交通系统整体领域的标准化而形成的一套体系，是将与智能交通有关的各个标准按其相互依存、相互衔接、相互补充、相互制约的内在联系归纳形成一个科学有机的整体。随着国内外智能交通标准体系研究的逐步深入，我们也意识到以标准体系为核心的智能交通标准化的工作模式已得到了广泛认同。

根据乌鲁木齐市智能交通系统规划及交通综合信息体系发展规划的要求，乌鲁木齐市须尽快研究智能交通系统标准体系框架，以便指导和引领乌鲁木齐市交通综合信息平台及各交通行业的信息化系统能够规范、有序建设；同时，在尽可能地采标和引用国家、行业已有智能交通系统标准的基础上，研究编制出适合乌鲁木齐市地域特点和满足社会经济发展需要的基础性、关键性系列标准，并在智能交通系统项目的方案编制、建设、运行、维护中加以实施和推广应用。

乌鲁木齐市城市综合交通项目研究中心联合上海市城乡建设和交通发展研究院共同开展了乌鲁木齐交通信息化标准的研究工作，在全面梳理国内交通行业相关标准的基础上，结合乌鲁木齐市交通综合信息平台的建设及各相关系统的开发，研究制定了乌鲁木齐交通信息化标准体系框架，同时编制和发布了 10 个地方标准及 3 个交通行业指导性技术文件，以用于规范乌鲁木齐市各交通行业信息系统的建设，促进交通行业内部和外部的信息共享。

乌鲁木齐市智能交通标准体系和系列标准的编制及本书的编著集聚了乌鲁木齐市交通综合信息平台系统众多研究、设计和开发人员的智慧，在成书之际，谨表示衷心的感谢。由于作者水平有限，书中难免存在疏漏与不当之处，敬请广大读者批评指正。

编著者

2023 年 3 月

目　录

第 1 章　乌鲁木齐市智能交通系统标准体系框架

1.1　乌鲁木齐市智能交通系统标准化背景

1.2　智能交通系统标准覆盖范围

1.3　标准体系框架形成的基本原则

1.4　乌鲁木齐市智能交通系统标准体系框架

1.5　近期智能交通标准编制的主要内容

标准体系是一定范围内的标准按各自的内在联系所形成的一个科学的有机整体。智能交通系统(Intelligent Traffic System，ITS)标准体系框架是在智能交通系统范围内，将现有标准、正在制定的标准及未来规划的标准，按标准体系框架结构的形式有层次、分系统地进行排列。通常，智能交通系统标准体系框架由标准体系框架结构层次图和标准明细表组成；同样地，它也是一种综合的标准体系框架，目的是重点突出行业间及专业间的配套标准。

1.1 乌鲁木齐市智能交通系统标准化背景

1. 标准化是保证智能交通系统健康、有序发展的必然选择

智能交通系统是将先进的计算机处理技术、信息技术、数据通信技术、传感器技术及电子自动控制技术等有效地结合起来并运用于交通运输系统，它具有信息性、整体性、开放性、动态性和复杂性等主要特征。智能交通系统的服务功能众多，涉及的技术领域广泛，它的产生极大地提高了人们的出行效率和安全性。

智能交通系统标准化不仅有利于设备和系统之间的兼容以及接口的互联，还有利于系统集成，以提高系统的可靠性，更有利于规范产品市场，促进规模经营，保护投资，降低成本和经营风险。

乌鲁木齐市尚处在智能交通系统规划建设和运营管理的初始阶段，有必要引入标准化的理念和借鉴国内外智能交通系统标准化的经验。在未来智能交通系统建设的全过程中，必须遵循标准体系框架，科学引用和严格执行国际标准、国家标准和行业标准；同时，结合地域特点和本地实际情况来编制地方标准和行业技术规范，并贯彻落实于各个智能交通系统项目的立项、建设及运行管理全过程中。

在尽可能地采标和引用国家、行业已有智能交通系统标准的基础上，应梳理可以直接采用的国家标准和行业标准，同时，研究编制出适合乌鲁木齐市地域特点和满足社会经济发展需要的基础性、关键性系列标准，而这些标准也将在智能交通系统项目(如世界银行城市交通改善项目)的方案编制、工程可行性研究、设计、建设、监理、运行、维护等环节加以实施和推广应用。

2. 各部门交通信息化及交通综合信息平台的建设都需要标准化支撑

各部门的交通信息化建设，包括道路交通管控业务平台、公共交通、公共停车、出租汽车、交通电子支付、交通枢纽等交通行业的各种信息化系统，从项目立项到系统建设及后期的运行维护等环节，都必须考虑标准的采用和引用，以及标准的制定、修订工作，以便于规范立项、建设和运行维护工作的有序开展。

由于交通综合信息平台的建设涉及各交通业务部门的数据支撑和业务协同，也涉及系统间的数据交换、一致性和规范化问题，因此，更需要标准化工作同步进行，以规范交通

综合信息平台的立项、建设和应用。

3. 构建标准体系的智能交通标准化工作模式得到广泛认同

智能交通系统标准体系是指为实现智能交通系统整体领域的标准化而形成的一套体系，是将与智能交通有关的各个标准按其相互依存、相互衔接、相互补充、相互制约的内在联系归纳形成一个科学有机的整体。随着国内外智能交通标准体系研究的逐步深入，我们意识到以标准体系结构为核心的智能交通标准化的工作模式已得到了广泛认同。国际上，许多国家和城市在推进智能交通系统建设的过程中，均同步开展了智能交通系统的标准化工作，并建立了标准化委员会和工作小组等组织。

1.2　智能交通系统标准覆盖范围

1.2.1　智能交通系统发展不均衡的考虑

智能交通系统作为一个新兴产业，其在乌鲁木齐市的发展表现出明显的不均衡性。智能交通系统中各子系统根据发展情况主要可分为以下四类：

(1) 投入使用时间长、规模较大的系统；

(2) 小规模使用的系统；

(3) 尚处于研究开发及试验阶段的技术及系统；

(4) 待发展的技术及系统。

针对目前乌鲁木齐市智能交通系统发展不均衡的现状，应在满足智能交通系统标准需求的前提下，尽量减少标准化工作带来的风险，只在对智能交通系统有需求的特定领域制定标准，但要做到合理制定标准体系的结构和标准明细表，同时，做好标准制定规划。

1.2.2　针对互操作性的考虑

智能交通系统涉及的内容十分广泛，例如从静态的交通安全设施到动态的监控技术，从城市道路和高速公路的交通管理、信息管理到收费管理，从高速公路专用有线通信系统到移动通信，不仅涉及领域众多且范围广。然而，信息资源共享是智能交通系统的重要特征之一，为了保障智能交通系统能够健康、协调、统一地发展，必须实现乌鲁木齐全市范围的兼容。

智能交通系统中各子系统对互操作性的要求可分为以下四类：

(1) 全市范围的互操作性。如交通综合信息平台与各子平台之间的接口，这种接口可能由不同部门管理操作，而接口标准化则可实现不同部门间的信息共享和交换。

(2) 局部互操作性。局部互操作性只要求在某一领域范围内具备可操作性，而无须在全市范围内都可互操作。如公共交通运营和服务系统与交通行业监管信息平台之间有互操作需求。

（3）产品互操作性。一般来说，由单一的公司或单位操作和维护的子系统，其产品间的接口不需要全市范围内兼容。但为了规范产品质量、扩大市场以及为用户提供可相互替代的产品以减少投资风险，在某些情况下，产品的互操作性依然是有必要的。

（4）不需要互操作性。在许多情况下，各子系统间的接口不需要统一的标准，即不存在互操作需求，例如出租车调度系统与道路货运信息系统之间就不需要制定接口标准。

1.2.3 智能交通系统标准化需求

根据乌鲁木齐市智能交通系统框架及系统发展的实际情况，智能交通系统标准化需求主要有以下六个方面。

（1）基础性标准或其他标准的前置基础标准。基础性标准是制定其他标准的基础和依据，也是标准协调的条件。我国对智能交通系统领域的基础性标准需求十分强烈，主要集中在通用信息的分类、编码，以及交通基础地理信息的标准化方面。

（2）接口标准。为了保证系统或产品的兼容性，对系统内两个独立子系统之间传输的数据和信息、通信协议、传输方式进行定义，同时，规定传输的数据内容、结构以及数据收发方法。有时也会规定接口的物理细节。

（3）应用服务标准。服务标准定义为依据某一标准提供的服务应满足的参数，如出行者信息服务、车辆安全与辅助驾驶、综合运输服务、紧急事件和安全服务、自动公路用户服务等。

（4）测试和方法标准。测试和方法标准是为了保证测量、试验、测试、评价等过程中使用的方法符合要求，例如电子收费（Electronic Toll Collection，ETC）系统车载单元和路侧设备的测试过程、人机界面的评价等。

（5）产品标准。产品标准是指当依据某一既定标准提供产品时，规定该产品应符合的参数。产品标准也是对产品必须达到的要求所制定的相应标准，涉及品种、规格、技术性能、试验方法、检验规则、包装、储藏、运输等诸多方面。

（6）归档数据管理的标准。在智能交通技术不断发展和应用的过程中，会产生大量各种各样的数据，这些数据经过处理后可能会变成有用的信息，从而服务于公众或相关的决策管理部门。但是如果数据的存储格式不统一，就会给后续工作带来不便，所以针对智能交通系统归档数据的标准化工作是必要的。

1.3 标准体系框架形成的基本原则

1. 标准体系框架全面成套

已有研究和实践均表明，只有全面成套的标准体系框架，才能充分体现出智能交通系统的整体性，抓住主要环节和矛盾，明确主攻方向。标准体系是标准制定的依据和基础，而具体标准的制定又是标准体系实现的手段和措施。智能交通系统标准体系框架既要包含正在发展和未来将要发展的智能交通系统高新技术的新标准，又要包含所开发的高新技术在现有标准中的应用和发展部分。

2. 标准体系框架层次结构恰当

通过研究和编制标准体系框架，将每一个标准都安排在恰当的层次上，才能使标准体系由重复、混乱走向科学、合理和简化，从而避免同一门类标准间的大量重复，以及因此带来的矛盾与不统一。另外，标准体系框架内不同行业或不同分系统间主要按社会经济活动和技术性质的同一性进行划分。

3. 适当保护智能交通系统先行者的利益

由于智能交通系统项目的实施通常会超前标准制定若干年，因此，颁布的新标准难免会与既存事实存在矛盾的地方，而已建系统中的不兼容设备也不可能立即退出历史舞台，智能交通系统先行者们的利益可能会受到较大威胁。鉴于此，开展标准化体系研究和标准编制工作时，在条件允许的情况下，应尽可能地将智能交通系统先行者们的损失降到最低。

4. 兼顾智能交通系统标准发展现状，尽量采用已有标准来规范智能交通系统的某一领域

智能交通系统领域是通信技术、传感技术和信息技术活跃的大舞台，这些技术在很多领域都已实现了标准化；同时，在传统交通工程领域也有许多已经制定或正在制定的相关标准。因此，采纳已有标准不仅能获得很多的实际效果，也减轻了智能交通系统领域标准化的负担，从而有助于集中精力制定一些急需的关键标准。反之，不采纳既有标准而另立相似的新标准，不仅不符合制定标准的科学方法，而且最终将形同虚设，造成极大的浪费。

5. 对于短时间难以制定出具体标准但又非常重要的领域可制定指导性技术文件或规范

智能交通系统是一个复杂的大系统，服务功能众多，涉及的技术领域也非常广泛。尽管目前已有许多成熟的标准可供采用，但是许多领域尚无规律可循，如果任其自由发展，全市范围内智能交通系统的兼容就难以得到保障，交通信息应用的价值自然也就无法充分体现出来。即使若干年后该领域的标准问世，但那时可能已是百花齐放的局面，标准的强制执行无疑将损害众多群体的利益。因此，对于那些难以较快制定出标准而又比较关键的领域，可以先根据体系结构制定出一些基本原则或具有指导性的技术文件供智能交通产品制造商、集成商参考。日后待时机成熟，再以此为基础制定详细可行的标准。

6. 国家及行业标准为主，地方标准为补充

由于乌鲁木齐市智能交通系统的建设起步较晚，因此可以借鉴国内外其他城市的建设经验，少走弯路，且充分应用国内外较为成熟的产品、系统等。在标准化方面，尽可能地

采用国家和行业标准，适当补充编制地方标准和行业内部规范。全国智能运输系统标准化技术委员会已经组织编制了大量国家标准，交通运输部、公安部、工信部等部门也编制了大量行业标准，北京、上海、广州、深圳等城市也陆续组织编制了一些地方性标准。基于此，乌鲁木齐市可以直接引用和执行国家及行业标准，也可借鉴外省市的地方标准。但考虑到西部城市的地域差异性，以及政治、经济、文化和科学技术发展的差异性，乌鲁木齐市有必要补充编制适合其自身交通发展需求的地方性标准。

1.4 乌鲁木齐市智能交通系统标准体系框架

1.4.1 标准体系框架的结构层次

我国智能交通系统标准体系是以“中国智能交通系统体系框架”为基础而形成的。2004 年发布的国家智能交通系统标准体系主要依据智能交通系统的 7 个用户服务领域进行了划分。2014 年发布的国家智能交通系统标准体系框架是依据国家标准化管理委员会对标准体系提出的新要求修订的，按照基础标准、服务标准、技术标准、产品标准、规程标准、相关标准等，提出了新的标准体系架构。这个标准体系是从国家层面提出的，它对于地方区域性标准体系和行业标准体系的构建均具有指导意义，也是城市制定智能交通标准体系的重要依据。考虑到乌鲁木齐市的实际情况，作为服务中心城市的智能交通标准体系既要保证智能交通系统的整体性，又必须考虑目前行政管理体制的情况，从而才能保证其具备可操作性和可实现性，使得标准体系简洁明了，标准的归口管理明确，应用领域清晰。最终，乌鲁木齐市智能交通系统标准体系结构是在参考了 2014 年新版国家智能交通系统标准体系框架的基础上，针对乌鲁木齐市智能交通系统现状和发展规划进行重新梳理而成的。

乌鲁木齐市智能交通系统标准体系框架属于扁平化的多层次结构。第一层次采用国家智能交通系统标准体系中的第一层，包括基础标准、服务标准、技术标准、产品标准和规程标准，但其他标准不列入乌鲁木齐市智能交通系统标准体系范围。在第二层次中，100 基础标准全部采用国家标准体系的分类方法；200 服务标准采用信息服务标准，而把国家标准体系中的其他服务标准调整至其他标准分类中，以突出信息服务单一类型；300 技术标准中的智能化旅客运输改为公共交通与综合客运枢纽，体现出城市交通以公共交通和枢纽交通为发展重点，技术标准采纳国家标准体系中对交通与紧急事件管理、电子支付、合作系统、车辆安全辅助驾驶的标准分类方法，将合作系统改成车路合作系统；400 产品标准保留国家标准体系的分类方法，即采集、通信传输、发布和其他产品；500 规程标准改为设备和系统检测标准，分为 501 测试方法和规程与 502 电磁兼容。

1.4.2　乌鲁木齐市智能交通系统标准体系的主要内容

乌鲁木齐市智能交通系统标准体系由基础标准、信息服务标准、技术标准、产品标准、设备和系统检测标准等组成(图 1-1),具有完整性和可扩展性。

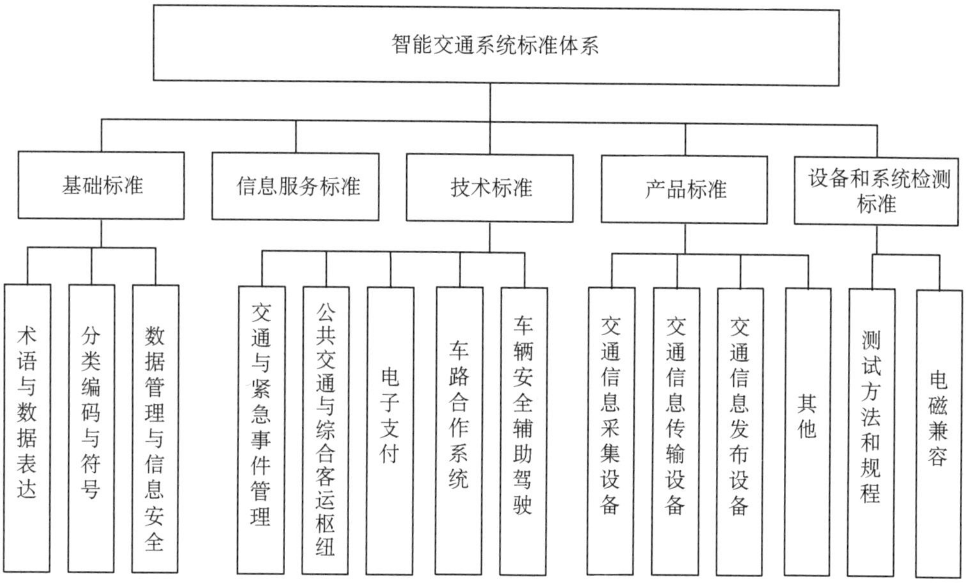

图 1-1　乌鲁木齐市智能交通系统标准体系框架

1. 100 基础标准

(1) 101 术语与数据表达:术语与定义、数据元、数据字典、信息集。

(2) 102 分类编码与符号。

(3) 103 数据管理与信息安全。

2. 200 信息服务标准

交通信息服务包括道路交通信息服务、公共停车信息服务、公共交通信息服务和多模式换乘信息服务等。

3. 300 技术标准

(1) 301 交通与紧急事件管理。

(2) 302 公共交通与综合客运枢纽。

(3) 303 电子支付,包括道路收费、客运统一支付、停车收费。

(4) 304 车路合作系统。

(5) 305 车辆安全辅助驾驶。

4. 400 产品标准

(1) 401 交通信息采集设备。

(2) 402 交通信息传输设备。

(3) 403 交通信息发布设备。

(4) 404 其他。

5. 500 设备和系统检测标准

(1) 501 测试方法和规程。

(2) 502 电磁兼容。

1.4.3 标准类别和内容说明

乌鲁木齐市智能交通系统标准类别和内容说明具体见表 1-1。

表 1-1 标准类别及内容说明

标准类别	内容说明
100 基础标准	具有广泛的适用范围或包含一个特定领域的通用条款的一类标准。该类标准可直接应用,也可作为其他标准的基础。本体系中划分为术语与数据表达、分类编码与符号和数据管理与信息安全三项一级子层标准
200 信息服务标准	规定信息服务应满足的要求以确保其适用性的一类标准
300 技术标准	针对标准化领域中需要协调统一的技术事项所制定的一类标准。技术事项是指包装、储存、运输以及生产技术、管理技术的要求;交通运输的技术要求等。本体系中划分为交通与紧急事件管理、公共交通与综合客运枢纽、电子支付、车路合作系统和车辆安全辅助驾驶五项一级子层标准
400 产品标准	规定产品应满足的要求以确保其适用性的一类标准。根据其规定的内容包括以产品的技术要求和试验方法等命名的标准,以及对设施设备等提出的技术要求和试验方法等标准。本体系中划分为交通信息采集设备、交通信息传输设备、交通信息发布设备和其他四项一级子层标准
500 设备和系统检测标准	用于设备、构件或产品的设计、制造、安装、测试、检测、验证及维护的程序标准。本体系中划分为测试方法和规程及电磁兼容两项一级子层标准

1.5 近期智能交通标准编制的主要内容

1.5.1 道路交通基础地理信息编码技术规范

1. 标准重要性的理解

建立完善、合理的城市道路交通地理信息分类编码体系对于建立道路交通基础地理信息数据库以及基于数据库的信息存储、管理、使用和共享来说都是至关重要的。

2. 编码对象

从交通业务角度定义,乌鲁木齐全市范围内的地面道路、城市快速路、节点枢纽、连接道路之间的匝道、辅道、桥梁、隧道以及铺设在以上基础通行设施之上的交通信息采集对象和其他能够产生交通信息、需要与平台进行信息交换的交通对象，都是道路交通基础地理信息编码的对象。

3. 标准主要规范的内容

道路交通基础地理信息的编码不是简单的随机编码或者顺序编码，而是按照一定的规则，对编码对象进行有意义的编码。在编码中应该体现对象的区域、位置、类型、方向、权属等多种属性信息，这样能够使得编码具有计算机的识读性以及便于快速地按类型进行分析、统计和展示。

但是，编码对象的信息不是一成不变的，编码对象中比较基础的数据(如位置、类型等)一般变化较少，而权属可能会发生变化。特别是城市建设大发展时期，新建道路对已有设施的编码影响较大。另外，从计算机处理的角度，分为粗、中、细等不同层次，也就是说，并不是任何时候都需要所有的信息细节。基于此，道路交通基础地理信息编码应具有分层的概念。

初步构想：道路交通基础地理信息的编码分为基础信息编码、专业信息编码和扩展信息编码三类。其中，基础信息编码主要指相对静态、长期固定不变的信息编码，从计算机识读的角度来看，主要指相对粗略的道路基础设施最基本的位置、区域等信息编码；专业信息编码涉及基础设施的具体方向、线形、车道等信息；扩展信息编码主要用来表示附属在道路基础设施上各种设备的相关信息。

1.5.2　公交线路站点基础地理信息编码技术规范

1. 标准重要性的理解

公交基础数据的交互、整合以及公交线网优化等系统功能均对公交基础数据的统一编码有迫切需要。一旦统一编码，将有助于系统间的相互交互，减少线路重复测绘和绘制等造成的资源浪费，从而为线网优化、行业监管、辅助决策和公众出行信息服务打下基础。

2. 编码对象

公交信息化管理及公交资源优化是一个系统性工程，需要对公交基础资源进行全面整合。因此，若要进行公交线路站点基础地理信息编码，就需要涵盖公交线路、公交中途站点、公交首末站点、停车场、保养场、枢纽站等基础设施。

3. 标准主要规范的内容

对于公交基础信息的编码，主要是对基础信息行业管理属性和空间属性的编码。从使用者角度来看，根据使用者的不同，分为对外服务编码和计算机识别码。其中，对外服务编码是指公交乘客能够识别的编码，主要包括公交线路名称/线路号、站点名称等；计算机识别码是指用代码形式来表达的编码。

对于公交线路而言，不仅要对不同的线路进行区分，而且还要区分线路类型，具体包括：①按线路形式分类，如全程线、区间线、支线、旅游线；②按线路运行时段特征分类，如日间线、夜宵线、临时线；③按线路区域特征分类，如社区线、市郊线。

对于公交站点而言，要区分公交的首末站、中途站、停车场和保养场。

对于一个城市公交基础信息的编码，除了编码方法外，还需要一套编码管理规则。本标准就是研究和制定编码管理规则，以保证权威的、唯一的编码在乌鲁木齐市使用。

1.5.3 停车设施基础地理信息编码技术规范

1. 标准重要性的理解

停车信息服务是城市交通信息服务的一项重要内容。要做好停车信息服务，就必须有良好的数据支撑，其中停车基础信息的规范化和标准化是保证停车信息质量的前提。

此外，要提高停车服务质量，特别是公共停车场(库)的服务质量，行业需要对停车信息进行有效监管，而采取信息化手段进行监管是其中最有效的一种手段。停车信息化的前提是各种信息的标准化和一致化，因此从行业管理角度来看，停车设施基础地理信息的标准化也是十分必要的。

2. 编码对象

停车设施基础地理信息编码的对象包括各类公共停车场(库)、商业配建车库等对外营业车库，也包括道路红线内的时段性路边停车路段。

3. 标准主要规范的内容

在整个道路网络中，停车设施是作为一个点状信息存在的，其通过进出口和整个城市的道路网络相连。只有将停车设施和道路网络构成一个完整的系统，才能实现停与行的顺畅衔接。因此，停车设施基础地理信息编码应该对公共停车场(库)的位置进行编码，同时，编码中应体现出停车场(库)和道路网络的从属关系、连接关系等拓扑或逻辑关系。

另外，停车设施基础地理信息编码中还应体现停车设施的空间位置信息，如停车场边界、停车场的车位数、营业时间、收费标准等，以供行业管理和信息服务时使用。

1.5.4 交通综合信息平台数据字典

1. 标准重要性的理解

交通综合信息平台汇聚了各个方面传输过来的大量信息，在信息平台中以各种原始表格、中间表格或最终表格的形式存在。对于项目开发人员而言，需要对数据的含义具有一致性的理解，以便系统开发过程中各项工作的分工与协作。对于项目的二次开发和数据库维护而言，只有充分理解平台数据，才能有效地开展工作。因此，乌鲁木齐市交通综合信息平台在开发过程中需要形成一份完整的交通综合信息平台数据字典。

2. 规范的对象

交通综合信息平台中所有的静态、动态数据都需要在数据结构中进行逐字段的详细说明。

1.5.5　交通综合信息平台通信协议和接口规范

1. 标准重要性的理解

乌鲁木齐市交通综合信息平台是各种交通资源的汇聚地，也是各个部门获得其他部门交通信息的信息交换中枢。各部门自己的交通信息系统都是由不同单位开发的，从时间上来看，有可能早于交通综合信息平台，也有可能晚于交通综合信息平台。因此，在交通综合信息平台的建设过程中，需要各个信息系统和平台之间就数据交换约定一个规则。对早于交通综合信息平台建设的各部门自己的信息系统而言，统一通信协议能够发现原有系统的不足，从而促进原有系统的升级完善。对于在交通综合信息平台之后建设的系统，制订通信协议能够起到规范建设行为的作用，从而一次性地解决系统间数据共享的问题。

2. 规范的对象

交通综合信息平台通信协议和接口规范所针对的对象是平台与各部门信息系统之间及各部门的信息系统之间需要交换共享的数据。而对于留在专业管理部门内部的不需要对外交换和共享的数据，不在本标准范围内。

3. 标准主要规范的内容

交通综合信息平台通信协议和接口规范主要包括三个层次的内容。

（1）通信平台总体框架规范。主要描述通信平台数据接入的相关规范要求，包括系统架构、接入流程等。而各平台因数据格式差异导致需要数据格式转化的，不属于本部分的讨论范围。

（2）通信协议规范。主要从数据通信的具体实现上进行详细描述，包括系统采用的通信方式、数据打包规则、各类协议的格式和系统相关接口等。

（3）接口设计规范。主要描述各节点到通信平台及通信平台内部的通信方式和相关接口。

1.5.6　交通综合信息平台运行维护技术要求

1. 标准重要性的理解

目前，国内很多城市的交通信息系统都存在由于维护不到位，导致系统生命周期短和产品后期性能大幅下降的问题。按照先进的系统全生命周期管理理念，系统维护工作在整个生命周期中占有十分重要的地位。除了传统的故障修理和维护外，目前先进且流行的做法是主动维护、主动保养。

为了延长交通综合信息平台的生命周期，并使得平台在全生命周期内都能正常工作，就需要对平台的运行和维护提出科学的要求，并在该技术要求中体现出主动维护、主动保养的理念。

2. 规范的对象

交通综合信息平台运行维护技术要求是对于平台日常运行和维护过程中的行为进行

规范，并制定出相应的行为准则和维护标准。

3. 标准主要规范的内容

对于交通综合信息平台的运行维护，可通过采用实时预警监控和多途径的告警方式，有效预防突发事故的发生；通过专业的故障排查分析手段和抢修流程，有效缩短修复时长；通过规范信息资产管理流程，有效降低运营成本；通过逐步完善运营管理体系，持续改进管理过程。为了实施有效的平台运行维护，需采取流程化的管理方式，具体包括以下流程。

（1）日常管理流程：对服务值班人员的日常工作进行定义和规范，包括日常管理目标、内容、流程、表单的设定。

（2）事件管理流程：为了尽快解决出现的事件，保持业务支撑系统的稳定性，定义事件管理流程，包括事件管理目标和内容。

（3）问题管理流程：为了提高解决问题的能力和路径，对运行维护过程中的问题管理流程进行定义，包括问题管理的目标、内容、流程和表单。

（4）变更管理流程：为确保在变更实施的过程中使用标准的方法和步骤，从而以最快的速度实施变更，将由变更所导致的业务中断的影响降到最低，进行变更管理流程的定义。

（5）发布管理流程：为确保只有正确的、被授权的和经过测试的系统组件（如软件、硬件及相关文档）才能被准确、按时发布的管理流程。

（6）配置管理流程：定义产品及其开发过程和全生命周期内进行控制、规范的一系列措施。

平台运行维护的另一个重要方面是对数据质量的监管，因为即使平台设备完好，也有可能出现数据质量下降的问题。

数据质量监控标准的建设内容包括以下几部分。

（1）质量管理的目标：明确平台数据管理的目标、内容和边界，从数据特性和业务角度划分数据管理对象集。

（2）数据质量管理指标：从业务角度定义数据质量管理指标，该指标作为数据管理过程中的评价基础，以评定数据的质量情况。

（3）数据质量评价标准：定义了评价过程的组成和质量检验要求，明确了评价方法的分类和方法介绍。

（4）数据质量影响程度：从业务角度评估数据质量差异对其产生的影响。

（5）影响数据质量的要素定义：从信息因素、技术因素、流程因素和管理因素四个方面分析它们对数据质量的影响，并确定各自的影响级别。

（6）数据质量控制方案设定：从数据级和组织级来设定数据质量控制方案，包括控制型和改善型方案。

（7）数据质量监控指标设定：明确对数据和管理需进行的监控指标，并通过该监控指标的实施有效控制问题发生。

(8) 组织管理流程评估标准：为确保数据质量改善的成果得到有效保证，需循环地评估组织管理流程。

1.5.7　道路交通信息采集和发布诱导技术规范

1. 标准重要性的理解

要掌握道路交通状态，服务于管理者和道路使用者，就需要建立道路交通信息采集和发布诱导系统。如果建设更多、更密的道路交通信息采集设备，无疑会采集到更加精确的信息，但也会导致费用增加。路侧交通诱导发布设备的建设也存在同样问题。为了规范道路交通信息采集和发布诱导系统的建设行为，有必要对该系统的采集设备和发布设备进行规定。

随着移动互联网等新技术的不断出现，对这些新的采集手段和发布渠道也要进行一定的规范。

2. 规范的对象

道路交通信息采集和发布诱导技术规范针对的对象主要是道路交通信息采集和发布设备。

3. 标准主要规范的内容

道路交通信息采集和发布诱导技术规范的内容涉及交通信息采集和发布设备相关的布设原则、技术性能和测试验收等，还包括道路交通数据处理的技术要求。

其中，对于作为路侧发布设施的可变信息标志，要规定如下内容，包括：可变信息标志的样式分类；对 LED 管、LED 模块等的技术要求；对可变信息标志板面设计、性能指标、设备机箱等的技术要求。

在道路交通数据处理中，要规定道路交通数据预处理、交通状态判断、行程时间预测以及交通事件检测方面的内容。

1.5.8　常规公交实时动态信息发布服务基本技术要求

1. 标准重要性的理解

目前，国内很多城市在做公交的到站信息服务，主要是在公交站点安装电子显示屏来显示公交实时到站信息。每个城市的公交到站信息的显示方式都不相同，甚至对车辆距离发布站点几站的理解都有出入。在一些大城市，公交企业数量较多，公交线路具有区域化经营特征，这便导致各个区域的公交信息发布形式各异。为了便于乘客理解公交到站发布的信息，同时也为了形成统一的具有城市地方特色的公交信息发布，就需要对公交实时动态信息发布服务提出基本的技术要求。

2. 规范的对象

常规公交实时动态信息发布服务基本技术要求主要针对公交动态信息的发布内容和

发布载体。

3. 标准主要规范的内容

常规公交实时动态信息发布服务基本技术要求主要是对动态公交信息分类和发布内容进行规范。动态公交信息的类型主要包括:车辆位置、车辆到站时间信息、公交事件信息和时刻表信息。同时,该标准还要对这四类动态公交信息的发布内容、发布形式以及所发布信息的质量进行规范。

在发布载体方面,需要对公交站点、网站和移动终端与信息发布的有关内容进行规定。其中,对公交站点发布载体而言,主要是规范信息显示板的组成结构、性能要求、显示内容、亮度和字体特效等。对网站而言,主要针对网站信息量大的特点提出路径规划查询、公交线路电子地图、基于公交线路的车辆动态位置查询等功能要求。对于移动终端,主要提出路径规划查询、公交线路电子地图、基于公交线路的车辆动态位置查询、信息订阅和推送等功能要求。

1.5.9 公共交通枢纽站智能化管理与服务技术要求

1. 标准重要性的理解

城市公共交通枢纽站是实现各种交通方式有效转换,达到"零换乘"的关键环节。作为多种交通方式的结合点、人流车流的聚散中心以及各类交通信息的汇集点和发布点,公共交通枢纽站的智能化系统已成为现代交通管理和服务的重要组成部分。为了统一城市公共交通枢纽站智能化系统建设及其服务和管理功能要求,需要对公共交通枢纽站智能化管理与服务进行规定。

2. 规范的对象

公共交通枢纽站智能化管理与服务技术要求针对的对象为公共交通枢纽站智能化系统。

3. 标准主要规范的内容

公共交通枢纽站智能化管理与服务技术要求规定了公共交通枢纽站智能化系统的组成、功能和性能等一系列基本的技术要求及其服务功能。

在系统组成要求方面,主要包括公共汽电车站区的调度、监控等的要求,出租汽车站区的设备配置要求和枢纽站综合服务区的配置要求。

在功能要求方面,主要包括公共汽电车站区集中管理的功能要求、出租汽车站区管理的功能要求、公共停车管理的功能要求和枢纽站综合服务的功能要求。

在性能要求方面,主要包括公共汽电车站区集中管理系统、出租车车牌自动识别系统、公共停车场车牌识别系统、调度中心机房设计、基础通信布线和视频监控系统等的性能要求。

1.5.10　公共汽电车车载信息系统一体化技术要求

1. 标准重要性的理解

目前，国内各类公共汽电车车载信息系统的水平参差不齐，其中不乏将报站器、录像硬盘一体机(DVR)、POS机①、客流采集、头牌尾牌腰牌等完全整合的一体化信息系统，也有各个部分相互独立、各种信息互补共享的分散式车载信息系统。公交企业在采购设备时，往往受费用限制，于是便分期分批地进行车载信息系统的建设，最后导致信息资源无法整合，信息系统的功能也大打折扣。因此，需要以规范的形式，对乌鲁木齐市公共汽电车车载信息系统的一体化提出要求，避免车载信息系统不合理的建设思路。

2. 规范的对象

公共汽电车车载信息系统一体化技术要求针对的对象是公交车车载信息化设备。

3. 标准主要规范的内容

公共汽电车车载信息系统一体化技术要求所规定的最基础的是车载调度终端功能需求。本标准要对其基本功能进行规定，包括车辆定位功能、数据采集功能、存储功能、通信功能、身份标签功能、时钟校对功能、数据下载功能、远程维护功能、驾驶员操作界面功能等；同时，还要对其乘客服务功能、运行调度功能、安全监管功能进行规定。

公共汽电车车载信息系统一体化技术要求还要对车载调度终端和所有外部设备之间的整合做出规定，包括和交通卡POS机、智能投币机、客流检测设备、头牌尾牌腰牌等的接口和数据交换要求。公共汽电车车载信息系统组成如图1-2所示。

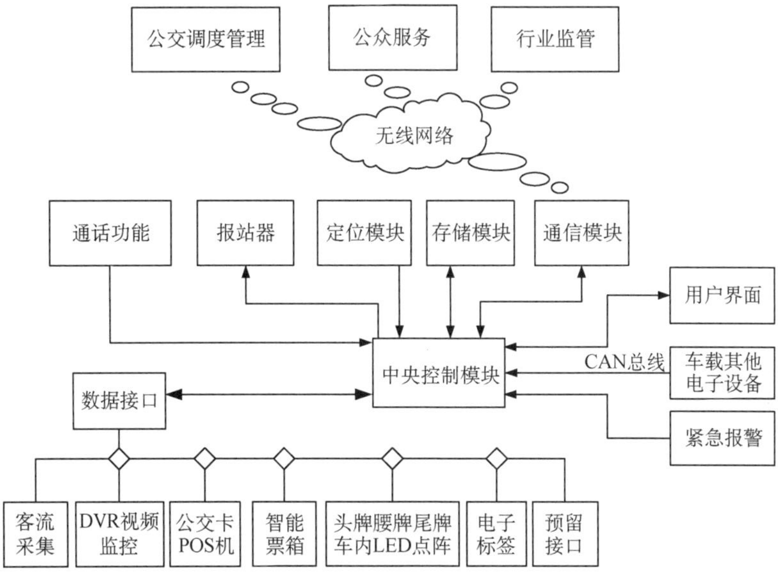

图1-2　公共汽电车车载信息系统组成

---

① POS：销售终端(point of sale)。

1.5.11 出租汽车车载信息系统技术要求

1. 标准重要性的理解

出租汽车作为一种准公共的交通方式，应该为公众提供标准化、优质化的服务，而这就需要行业管理部门对出租汽车进行全方位的深入管理。出租汽车车载信息系统是实现行业信息化管理的前提。为了能将所有出租车的车辆信息汇集到行业管理系统中，就需要对车载信息系统有统一的技术要求。

随着移动互联网逐步应用到出租汽车领域，出租汽车车载信息系统也应适应这种新形势，在满足行业需求的前提下，充分利用移动互联网资源，这也是出租汽车车载信息系统的必然发展方向。因此，在目前的形势下，规范出租汽车车载信息系统的建设就十分有必要。

2. 规范的对象

出租汽车车载信息系统技术要求所规范的对象是出租汽车车载 GPS 调度终端、计价器、报警装置、IC 卡签到、红山一卡通刷卡设备、机打发票和税控装置、监控监听设备等。

3. 标准主要规范的内容

出租汽车车载信息系统技术要求中需要规定车载信息系统的系统组成和具体的功能要求。在功能要求方面，包括安全报警装置要求、车载调度终端的驾驶员界面要求、车载调度终端和中心平台的数据传输要求、计价器和车载调度终端的接口要求、监控监听设备安装和使用规定等。

出租汽车车载信息系统技术要求中还需要规定车载设备的安装、技术性能指标、运行维护、检测、安装调试等要求。

1.5.12 公共停车场电子收费系统基本技术要求

1. 标准重要性的理解

公共停车场是面向公众的公共基础设施，为了提高公共停车场的管理能力和服务质量，需要建立完善的公共停车场信息化系统，其中电子收费系统是一个重要组成部分。为了实现统一化服务及降低系统建设成本，就需要对公共停车场的电子收费系统有统一的技术要求。

在停车场信息服务方面，目前电子收费系统是获得停车场实时动态信息的一个很好的手段。为了获得一致行动信息，有必要对公共停车场电子收费系统提出明确的技术要求。

2. 规范的对象

公共停车场电子收费系统技术要求针对的对象是公共停车场的电子收费系统。

3. 标准主要规范的内容

公共停车场电子收费系统技术要求所规范的内容包括以下几个方面。

(1) 对电子收费系统的功能要求，包括收费模式、计费方式、支付媒介、收费凭证、与停车平台的通信接口等。

(2) 对电子收费系统的性能要求,包括停车数据的存储、掉电工作时间、系统响应时间、时间误差等。

(3) 对电子收费系统通信协议的要求,包括通信方式、物理接口、数据格式、数据内容等。

1.5.13 占道停车电子收费设备的技术要求

1. 标准重要性的理解

占道停车电子收费通过记录车牌号,以及精确的停车起始时间与终止时间,从而自动计算停车费,且支持公共交通卡付费,因而其在提高道路停车收费的精度和管理效率方面起着重要作用,是道路停车有效管理的好工具。可以预见,在不久的未来,随着人力成本的增加,使用者素质的提高,占道停车电子收费设备的使用会越来越普遍,因此对于占道停车设备进行技术上的规范就显得十分必要。

2. 规范的对象

占道停车电子收费设备的技术要求针对的对象是占道停车电子收费设备。

3. 标准主要规范的内容

占道停车电子收费设备技术要求的主要内容是对电子收费设备的功能、技术指标和性能参数等进行规范。

在设备功能方面,主要对电子收费设备的界面管理、牌照输入、拍照、付费、考勤、数据通信、票据打印、数据管理、参数设置和自检等进行规定。

在技术指标方面,主要对电子收费设备的文字识别性能、屏幕分辨率、防水防尘和操作温度等进行规定。

第 2 章　交通综合信息平台标准化

交通综合信息平台是我国智能交通系统领域的科研工作者根据我国智能交通系统建设的现状和实际需求提出的一个具有中国特色的概念。国外并没有明确提出交通综合信息平台的概念,但这并不意味着国外对此有完全不同的看法或认为其没有研究和建设的必要。相反,西方发达国家开展了大量的相关研究、建设及应用。由此可见,国内外对此只是提法不同而已。

建设交通综合信息平台,不仅是解决信息共享、系统集成的权宜之计,也是推动标准化进程的良好契机。

2.1 交通综合信息平台与智能交通系统标准化

2.1.1 交通综合信息平台对智能交通系统标准化的需求

1. 智能交通体系框架标准化

交通综合信息平台的准确定位是其成功建设及应用的首要前提。根据平台的功能定位,它将实现各种交通信息及相关信息的收集、加工处理、发布等功能。这意味着交通综合信息平台是智能交通体系框架中的底层信息枢纽。同时,这也决定了交通综合信息平台将与大多数智能交通应用系统接口发生信息交互。在平台建设及应用初期,接入的系统较少,这样的互联还是可操作的。然而,随着信息共享与系统集成需求的不断增加,接入平台的应用系统越来越多,涉及的信息流网络也越来越复杂。如果智能交通系统缺乏标准的整体框架体系,那么这样的信息互联最终将因信息流过度复杂、信息处理能力不足而导致效率低下,甚至系统瘫痪。

因此,要使交通综合信息平台得以成功建设并健康发展,须依赖科学、完善的智能交通系统体系框架。这个框架要对系统功能进行合理的划分和整合,使应用系统得以有序扩张,同时对智能交通系统中的信息流加以规范,使得信息总量以及信息交互复杂度的膨胀是可控的,且有章可循。

2. 数据标准化

在交通信息平台的建设过程中,面临的首要问题就是通过什么样的机制和技术手段来实现交通信息平台所涉及的,来自不同部门、不同系统,内容不同、性质各异、格式千差万别的海量数据间的交换和共享。在这一过程中,数据的标准化是基础。智能交通应用系统快速建设,其规模不断膨胀的标志之一就是数据膨胀。然而,早期建设的智能交通应用系统,通常都是针对某一个特定需求、特定应用对象而开发的,这就决定了这些系统中使用的数据规则也是仅限于某种应用、某种使用者考虑的。通过编制专门的标准来对这些数据的格式、含义等进行整合、规范,这是不同的系统之间正确交换并理解彼此的数据,从而实现不同系统之间和多部门之间信息共享的基础。

3. 通信协议标准化

要使两个实体间能够顺利地通信，它们之间必须达成双方都能够接受的关于通信内容、如何通信、何时通信的协定，这些协定即协议。智能交通通信协议标准化是交通综合信息平台的重要需求之一。在标准通信协议体系下，信息平台和每一个与其产生信息交互的系统之间无须建立单独的通信协议，即可进行方便的互联。

2.1.2 交通综合信息平台发展对智能交通系统标准化的促进作用

1. 对智能交通系统标准的催生作用

在智能交通发展初期，应用系统的建设和使用经常处于一种简单的、相互割裂的状态，此时对标准化的需求并不明显。随着信息共享需求的提出，交通综合信息平台的概念应运而生，并成为实现交通信息整合利用的一条重要途径。如前所述，平台的建立必须解决智能交通体系框架、数据、通信协议等一系列标准化问题，这种需求又将促使智能交通系统标准化进程迅速跟进。

2. 对标准执行的促进作用

交通综合信息平台不是简单的应用系统，而是智能交通系统中信息交换与共享的枢纽，也是提供交通信息服务的强大后台支撑。近期，它是解决信息孤岛问题的权宜之计，从长远来看，它将是智能交通系统作为一个有机整体健康发展的核心组件。交通综合信息平台不仅具有对交通及相关信息资源的整合利用功能，而且对于智能交通系统的建设及优化发挥了一定的指导作用，使其更符合智能交通系统整体框架的要求，符合信息资源共享利用的原则，避免重复建设，资源浪费。在这一过程中，它将有效地促进智能交通系统标准的贯彻执行。

3. 标准化健康演进的推动作用

智能交通系统的发展，以及智能交通系统的标准化都不是一成不变的。随着科技的发展，以及用户需求的不断提高，新型智能交通应用系统将不断出现，系统的应用水平也将不断提高。系统的发展促使标准化进程也在不断推进，而标准化反过来又推动系统的进一步优化发展。交通综合信息平台作为智能交通体系的核心，将在这种互动过程中发挥重要作用。

2.2 我国在交通综合信息平台领域国家标准的研究制定工作

2.2.1 交通综合信息平台标准化发展背景

为了进一步推动智能交通系统技术在我国的发展，加速智能交通系统的工程化应用和产业化进程，科技部在“十五”国家科技攻关计划中设立了“智能交通系统关键技术开发和示范工程”重大专项。其中，在北京、上海、天津、重庆、广州、深圳、济南、青岛、杭州和中山10个典型城市进行的智能交通系统应用示范工程建设已全面启动。

在应用示范工程的实施过程中，各地均深刻地体会到：智能交通系统是由各种实现不同功能的应用系统分工协作并有效整合形成的一个复杂大系统，各应用系统间的互联互通、有效集成是发挥智能交通系统整体效益的重要前提条件。鉴于智能交通系统建设涉及多个交通相关部门的职能，每个部门既是智能交通系统的数据源，又是对于其他部门数据以及在多部门数据之上进行综合加工处理所得到信息的需求者。因此，只有各相关部门协调配合、共同行动起来，在必要的机制和技术手段下充分实现部门间的信息共享，智能交通系统才能得以顺利建设和发展。

在这种背景下，交通综合信息平台的概念被提出。随着我国智能交通系统建设的不断深入，这种思想逐渐得到了智能交通业界同人的广泛认同。与交通综合信息平台相关的标准化工作也在逐步开展，并取得了阶段性成果。

2.2.2 已完成的交通综合信息平台标准化工作

1. 交通综合信息平台标准需求研究内容

交通综合信息平台标准需求研究由国家智能交通系统工程技术研究中心于2003年完成。我国城市交通综合信息平台标准需求的研究领域主要包括以下几个方面：

(1) 交通综合信息平台总体构架。

(2) 交通综合信息平台相关的系统接口。

(3) 交通综合信息平台相关的通信协议。

(4) 交通综合信息平台的数据管理机制。

(5) 交通综合信息平台的数据集和数据字典。

(6) 交通综合信息平台的数据交换格式等。

2.《交通综合信息平台建设总体框架指南》标准化指导性技术文件

本指导性技术文件由交通运输部公路科学研究院(国家智能交通系统工程技术研究中心)提出并起草，由全国智能运输系统标准化技术委员会归口。

本指导性技术文件阐明了交通综合信息平台的概念、定位与基本功能，明确了交通综合信息平台在中国智能交通系统体系框架中的表现形式、与其他相关应用系统的关系，界定了信息平台功能，提出了交通综合信息平台的总体架构与技术方案、建设与运行管理机制、标准规范及工程建设实施的指导性建议。本指导性技术文件适用于交通综合信息平台的相关研究与建设，各地进行交通综合信息平台工程建设时可参考使用。

3. 国家标准《智能运输系统　数据字典要求》

《智能运输系统　数据字典要求》(GB/T 20606—2006)是根据国内交通运输行业用

户对基于地理信息的道路交通运输系统需求而制定的。该标准主要包含三部分内容:道路交通运输地理信息数据字典格式要求、表达规则要求和内容要求。该标准主要用于辅助基于地理信息的道路交通运输信息系统的规划、设计与开发。

主要内容编写思路说明如下:

(1) 道路交通运输地理信息数据字典格式要求。标准规定了数据字典中应包含的字段定义、记录定义、要素定义、要素属性定义、属性值定义、关系定义等内容,以保证数据字典在格式要求上的一致性。

(2) 空间数据表达规则要求。表达规则主要保证各类空间数据在表达方式和原则上的一致性,其内容主要包括四部分:要素结构、要素表达类型、要素关系结构和数据管理。根据应用的不同,可以选取不同的表达规则。

(3) 道路交通运输地理信息数据字典内容要求。数据字典的内容要求规范了交通运输地理信息时空参照系、道路交通运输地理信息专题数据分类及属性要求、基础地理信息数据分类和属性等,它是道路交通运输对数据要求的集合,用户可以根据不同的应用选取合适的内容来制定数据字典。

4. 国家标准《智能运输系统　中央数据登记簿数据管理机制要求》

智能交通系统的应用范围包括了国际化组织智能运输系统(ITS)技术委员会(即ISO/TC 204)多种功能域,也包括了多个国家、地区性组织,它们均有固定的利益主体。智能交通系统应用系统的国际性集成是智能交通系统发展的主要方向之一,其目标是实现一个功能域(如交通管理、出行者信息)所定义和收集的数据可适用于另一个功能域。为了能够实现这种互操作性,必须对不同功能域使用的数据定义进行标准化。智能交通系统中央数据登记簿可满足这一要求。

中央数据登记簿是建设具有互操作、信息共享的智能交通系统应用系统的基础。建立智能交通系统中央数据登记簿的目的是使智能交通系统各相关部门开发的应用系统能够具有互操作功能,从而避免不同系统之间形成信息孤岛,造成系统重复投资和资源浪费,也为实现交通数据信息的共享和交换提供了保障。目前,我国智能交通系统应用系统的开发尚处于初期阶段,不同部门、不同城市之间的信息共享逐渐成为智能交通系统系统开发和用户关心的核心内容,但是目前国内针对中央数据登记簿管理机制的规范尚未建立,很难保证智能交通系统各应用系统之间的信息共享,因此,有必要制定智能交通系统中央数据登记簿数据管理机制要求,作为智能交通系统应用系统开发的标准规范,以指导智能交通系统应用系统的开发实践。

《智能运输系统　中央数据登记簿数据管理机制要求》(GB/T 20611—2006)参照《交通信息系统与控制　智能交通系统中央数据登记簿及数据字典要求》(ISO 14817:2002),并根据我国国情制定的。该标准规定了中央数据登记簿数据管理机制(不包括对数据字典的要求),规定了智能交通系统中央数据登记簿数据管理要求(包括在智能交通系统领域的信息交换框架和交换程序、数据内容及数据录入数据登记簿的过程等)。本标准适用于智能交通系统信息交换的概念模型,它不是物理上的实施,但是物理实现和元模型之间的相互映射不能出现二义性。

主要内容编写思路说明如下:

(1) 操作概念。首先提出了中央数据登记簿中数据登记管理的框架,明确数据登记簿的数据管理范围;为了便于管理,该标准中提出了管理智能交通系统数据登记过程的相关组织角色,描述了各类角色的责任和义务,其中包括智能交通系统数据登记簿执行委员会、智能交通系统更新控制委员会、智能交通系统数据登记员、智能交通系统管理员、智能交通系统数据提交人和只读权限用户;数据登记簿中数据登记的等级有五种:登记、草案、归档、认证、推荐。数据登记需要遵循数据登记簿相关的程序要求。

(2) 数据概念。标准定义并解释了9个数据概念,它们分别是:对话接口、报文、数据帧、对象类、关联、属性、数据元素概念、值域和数据元素。数据概念表示可用清晰的界限和意义来识别的抽象概念或自然世界的事物,这些基本概念的属性和行为均遵循相同的准则。

(3) 数据概念的元属性。标准定义的元属性包括基本元属性和管理元属性,其中基本元属性又包括标识元属性、定义元属性、关系元属性和表示元属性等。

(4) 数据概念命名。规定了数据概念的定叙述名称和格式。

5. 国家标准《交通管理地理信息分类与代码》

本标准为基础类标准,为规范城市交通管理系统中对地理信息的应用而制定。本标准规定了交通管理中地理要素(如城市道路、交叉路口、重点建筑、重点单位等信息实体)的交通管理属性分类与代码。

本标准适用于对全国大、中、小城市在城市交通管理过程中使用的城市道路、路段、道路交叉口、重点建筑、重点单位的标识、信息处理与信息交换。

主要内容编写思路说明如下:

(1) 分类和编码原则。分类原则是按照信息的业务属性或特征分类。编码原则是每一个编码对象只有一个代码,一个代码也只能唯一地表示一个编码对象。代码各层间留有扩充位,用户可根据需要自行扩充。

(2) 编码结构。编码结构采用层次编码结构。

(3) 交通管理地理信息分类。从实际出发,以智能交通系统中常规的城市道路交通管理为出发点确定地理信息的分类和编码范围。在这种指导思想下,确定了四种类型:城市道路信息、城市道路路段信息、道路交叉口信息、重点建筑和单位信息。

(4) 交通管理地理信息各个分类。在确定总体分类之后,各个分类就可以按照交通管理工作的实际需要确定需要规范化的具体信息。在各分类代码中划分小类,每小类以下再以流水号编码。

6. 国家标准《交通管理地理信息实体标识编码规则 城市道路》

为规范交通管理系统中对地理信息的编码和使用，制定《交通管理地理信息实体标识编码规则 城市道路》(GB/T 20381—2008)。本标准对交通管理系统中地理信息的编码具有指导作用。

本标准规定了在交通管理中所涉及的地理信息实体要素——道路、交叉路口、重点单位和建筑、交通设施等的编码规则。

本标准适用于全国大、中、小城市在城市交通管理过程中对道路、交叉路口、重点单位和建筑、交通设施进行标识、信息处理与信息交换而制定的编码规则。

主要内容编写思路说明如下：

(1) 编码规则。代码规则：交通管理地理信息实体标识码由数字构成。结构规则：交通管理地理信息实体标识码的编码结构由信息实体编码和属性编码两部分组成。

(2) 道路编码规则。交通管理路段编码由路段代码和交通管理属性代码组成。其中，路段代码由道路代码和路段序号组成。道路代码由方位码、道路序号组合而成。

(3) 交叉路口编码规则。交通管理交叉路口代码由交叉路口代码和交通管理属性代码组成。其中，交叉路口代码由道路代码和交叉路口序号组合而成。

(4) 重点单位和建筑编码。交通管理重点单位和建筑编码由重点单位和建筑代码和交通管理属性代码组成。其中，重点单位和建筑代码由道路代码和重点单位与建筑序号组成。

2.3 乌鲁木齐市交通综合信息平台标准化发展现状

2.3.1 乌鲁木齐市交通综合信息平台建设背景

乌鲁木齐市政府正在建设乌鲁木齐市交通综合信息平台。乌鲁木齐市交通综合信息平台是市交通行业数据资源中心，是乌鲁木齐市交通行业数据共享交换枢纽，是乌鲁木齐市城市交通运行分析与监测平台，是乌鲁木齐市交通规划、建设、管理决策支持平台，也是乌鲁木齐市交通综合信息服务的数据基地。因此，乌鲁木齐市交通综合信息平台最核心的功能就是数据的汇总和交换。

2.3.2 地方标准《乌鲁木齐城市交通信息共享数据字典编制规范》

《乌鲁木齐城市交通信息共享数据字典编制规范》(DB 65/T 3871—2016)规定了乌鲁木齐市交通综合信息平台数据共享使用的数据字典描述规范，定义了元数据著录规则，以满足乌鲁木齐市交通综合信息平台数据资源的发现、共享，也为交通综合信息平台多源数据的标准化存储和应用奠定了基础。

本标准适用于乌鲁木齐市交通综合信息平台数据资源编目、建库、发布和查询。

1. 标准编制背景

数据字典是对数据的内容、结构、值域及相关特性进行定义和描述。通过数据字典可以充分理解和应用数据。随着乌鲁木齐市交通管理和服务信息化水平的不断提高，交通行业拥有大量的数据资源，如何将这些数据资源汇总、共享以满足不同的应用需求成为乌鲁木齐市交通综合信息平台建设的核心任务，而对数据准确、一致的理解和认识是数据共享交换的根本。

由于各行各业的信息化发展水平参差不齐，各单位对数据的重视程度和管理水平也千差万别，加之数据定义和描述方面缺乏统一规范，这就导致数据拥有者和数据使用者对数据的理解存在偏差，从而影响正常的应用分析。因此，需要从全市数据共享和应用的角度规范和制定数据字典，确保数据管理人员和使用人员能够准确地理解数据的概念和含义，从而满足乌鲁木齐市交通综合信息平台资源管理、发现和共享的需求。

由乌鲁木齐市城市综合交通项目研究中心申报，经行业主管部门自治区交通厅同意，本标准于2015年被新疆维吾尔自治区质监局在2015年第一批计划中立项，计划编号为XJ15-027。

2. 元数据描述方法

元数据描述应包括元数据的中文名称、英文名称、数据定义、数据类型、取值值域、约束/条件、最大出现次数、取值示例等内容。

(1) 中文名称：指元数据的中文名称，能直观地体现交通信息资源的某个特征，例如“城市快速路道路交通状态数据”。

(2) 英文名称：指元数据的英文名称，是中文名称的英文翻译，一般用英文全称表示。

(3) 数据定义：定义元数据的概念或给出某个特性的描述或说明。

(4) 数据类型：数据元的数据类型，对数据元的有效值域及允许的有效操作进行了规定。数据类型相关规范可参照《信息技术　元数据注册系统(MDR)第1部分：框架》(GB/T 18391.1—2009)。

(5) 取值值域：说明数据元可以取值的范围。

(6) 约束/条件：说明元数据元素的属性，包括必选属性、可选属性。

① 必选：表明该元数据实体或元数据元素必须选择。

② 可选：根据实际应用可以选择也可以不选的元数据实体或元数据元素。

(7) 最大出现次数：说明元数据实体或元数据元素可以被描述的次数。不需要描述的用“0”表示，只需要描述一次的用“1”表示，可以多次描述的用“N”表示。

(8) 取值示例：对于每一个数据元，都列举一个著录时的填写内容示例。

3. 数据字典元数据编制规则

交通综合信息平台数据字典元数据编制要求以国家政府信息资源公开目录编制为基

础，按照乌鲁木齐市交通综合信息平台管理、应用和服务的特点制定。交通综合信息平台数据共享数据字典的元数据应包括 10 个元数据实体和数据元，分别是：数据标识代码、数据中文名称、数据中文拼音、数据摘要、关键字、发布日期、数据版本、数据提供单位、数据资源分类和数据项描述。

4. 示例

以乌鲁木齐市快速路交通实时状态为例进行数据字典描述，乌鲁木齐市快速路交通实时状态数据由市公安局交警支队提供，该数据包括编码、时间、状态值等数据项，规范描述示例详见表 2-1。

表 2-1　乌鲁木齐城市交通数据共享数据字典示例

数据标识代码	08011113/001
数据中文名称	乌鲁木齐城市快速路交通状态数据
数据中文拼音	Wulumuqichengshikuaisulujiaotongzhuangtaishuju
数据摘要	乌鲁木齐市快速路交通状态实时数据
关键字	道路交通、快速路、交通流量、交通状态、实时数据
发布日期	2013/5/16
数据版本	2013(2)
数据提供单位	乌鲁木齐市公安局交警支队
数据资源分类	1113
数据项描述	
数据字段标示代码	08011113/001-01
数据字段名称	FSTR_ISSUESECTID
数据字段描述	快速路发布段编码
数据字段类型	字符型
数据字段长度	11
数据字段备注	编码符合市交通综合信息平台编码要求
数据字段标示代码	08011113/001-02
数据字段名称	FDT_TIME
数据字段描述	描述快速路发布段维持该交通状态的最早更新时间
数据字段类型	日期时间型
数据字段长度	19
数据字段备注 1	YYYY-MM-DD HH：MM：SS
数据字段备注 2	更新周期为 20 s
数据字段标示代码	080121612/001-03

(续表)

数据字段名称	FSTR_CFMSTATE
数据字段描述	描述快速路发布段当前的交通状态
数据字段类型	字符型
数据字段长度	2
数据字段备注 1	01 表示畅通、02 表示拥堵、03 表示阻塞、04 表示未知、05 表示阻断
数据字段备注 2	畅通为平均车速 40 km/h 以上，阻塞为平均车速 20 km/h 以下，拥堵为平均车速在 20～40 km/h 之间

2.4　乌鲁木齐市交通综合信息平台运行维护技术要求

乌鲁木齐市交通综合信息平台建成后需要对平台进行日常的运营和维护，以保障平台的正常运行。因此，需要制定《乌鲁木齐市交通综合信息平台运行维护技术要求》，以明确平台的运行维护规程。

2.4.1　软件系统维护

1. 操作系统

(1) 更换系统密码，定期核准用户权限，防止系统出现越权访问的情况。

(2) 每月进行 IP 地址测试，检测非法用户，防止非法用户入侵。

(3) 每日对所有服务器端和客户端的软件进行检查，确保软件无卡机和假运行的情况出现。

(4) 对软件变更进行审核、记录。

2. 综合交通信息采集软件

(1) 每日对通信机的运行情况进行检查。

(2) 每日根据软件运行情况得到数据接入情况统计表，具体包含数据接入时延、正确率和出错率。

(3) 每日对软件的预处理运行情况(如处理时长、正确与否等)进行检查。

3. 基于 GIS 开发的应用软件

(1) ArcGIS 软件是否正常运行，日志中有无报错信息。

(2) ArcGIS 软件的运行性能是否在要求范围内，客户查看时间是否在正常范围内。

(3) ArcGIS 软件是否已升级到最新版本，已知 bug 是否被修复。

(4) GIS 展示的数据是否已更新至最近的数据。

(5) GIS 应用软件接入的数据时延是否在正常范围内。

4. 综合交通信息集成和管理应用软件

(1) 每月对数据进行质量分析。

(2) 每日对软件状态及主机、软件运行情况的采集进行检查。

(3) 每日对设备、软件的状态报警服务,以及报警记录的查询、统计、准确性查询等功能进行检查。

5. 交通信息发布软件

(1) 每日根据日志和报表查看数据接入时延。

(2) 每日统计用户的访问量以及特别关注异常访问。

(3) 每日分析安全访问日志,检测可能存在的攻击。

(4) 统计用户服务访问时延,检查系统是否存在性能下降的问题。

6. 开发平台工具软件

每日对软件的运行情况进行检查。

7. 系统、网络和设备集成管理软件

(1) 每日对软件的运行情况进行检查。

(2) 每日对流量情况进行分析。

(3) 每日对软件的状态报警服务,以及报警记录的查询、统计等功能进行检查。

8. 视频监控和管理软件

(1) 每日对视频监控和管理软件的运行情况进行检查。

(2) 每日根据软件的运行情况得到软件运行情况统计表。

(3) 每日对软件的状态报警服务,以及报警记录的查询、统计等功能进行检查。

9. 用户终端界面软件

(1) 对摄像机进行切换、控制、预置位调用等控制,以保证其正常工作。

(2) 检查图层状态刷新,确保不存在卡机现象。

(3) 检查路段状态的发布、更新情况。

(4) 检查事件的录入、发布和撤销情况。

10. 通信软件

(1) 每日对通信机的运行情况进行检查。

(2) 每日对软件的预处理运行情况进行检查。

(3) 每日对各分平台的运行情况进行检查。

(4) 每日对桥隧分中心的通信情况进行检查。

(5) 每日对视频服务器的通信情况进行检查。

11. 信息采集软件

1) 快速路信息采集软件

(1) 每日对软件进行检查,以确保软件无卡机和假运行的情况出现。

(2) 每月对数据进行质量分析。

2) 公路平台信息采集软件

(1) 每日对软件进行检查，以确保软件无卡机和假运行的情况出现。

(2) 每月对数据进行质量分析。

12. 市政信息软件

1) 市政信息通信软件

(1) 每日对软件的运行情况进行检查。

(2) 每日根据软件的运行情况得到运行情况统计表。

(3) 每日对软件的状态报警服务、报警记录等功能进行检查。

2) 市政信息汇集软件

(1) 每日对软件的运行情况进行检查。

(2) 每日根据软件的运行情况得到运行情况统计表。

(3) 每日对软件的状态报警服务、报警记录等功能进行检查。

3) 市政信息出口管理软件

(1) 每日对软件的运行情况进行检查。

(2) 每日根据软件的运行情况得到运行情况统计表。

(3) 每日对软件的状态报警服务、报警记录等功能进行检查。

13. 后台处理软件

(1) 每日对 Issue 发布软件的运行情况，以及文字、光带、匝控、路段发布数据库的记录、日志进行检查。

(2) 每日对 Algo 算法软件的运行情况，以及行程时间、事件、状态数据库的记录、日志进行检查。

(3) 每月对数据进行质量分析。

(4) 每日对发布、控制消息服务器的运行情况进行检查，查看发布、控制功能是否正常。

(5) 每日对线圈数据消息服务器的运行情况进行检查，查看数据汇聚功能是否正常。

(6) 每日对视频控制消息服务器的运行情况进行检查，查看视频控制、反馈功能是否正常。

(7) 每日对设施、软件的状态及主机、软件的运行情况的采集进行检查。

(8) 每日对设施、设备、软件的状态报警服务及报警记录查询、统计、准确性查询等功能进行检查。

14. 数据库系统

(1) 每日对数据库的运行性能指标进行检查。

(2) 每日对数据库的运行日志进行检查。

(3) 每月对实时库、历史库配置的同步情况进行检查。

(4) 每月查看与分析数据库日志,并汇报数据库的运行状况。

15. 日志管理

每日检查出错日志,每月备份并清理过期的日志记录,避免发生磁盘空间溢出。通过上述几方面的管理和调整,系统能更快捷、界面能更直观和人性化,从而使整个系统可以更高效、稳定地运行,以满足客户的需求,且很好地达到运维的目的。

2.4.2 内场设备运维

1. 设备常规检查

(1) 设备保洁。定期清除机箱表面积尘,清除风扇和滤网积尘,确保机体外观清洁,风扇运转正常,无异常噪声。保洁频次:1 次/季。

(2) 显示器的检查。以视觉舒适为宜,适当调整显示器的亮度、对比度、色饱和度,用清洁剂清除屏体表面积尘。检查频次:1 次/季。

(3) 键盘的检查。用刷子、清洁剂清除键盘积尘与污垢,检查每个键盘,使手感舒适有效。检查频次:1 次/半年。

(4) 鼠标的检查。清除鼠标表面和滚球的积尘,检查鼠标左右键,使手感舒适有效,光标移动光滑。检查频次:1 次/半年。

(5) 打印机的检查。检查打印机的墨盒(硒鼓),校准打印机,用吸尘器清除送纸机构内的积尘。检查频次:1 次/半年。

(6) 机柜风扇运转情况检查。清除机柜表面积尘,清除风扇和滤网积尘,确保机柜外观清洁,风扇运转正常,无异常噪声。检查频次:1 次/半年。

(7) 指示灯状态检查。定期查看电源指示灯状态,绿灯表示正常,红灯表示有告警信息;查看内部状态报警灯,绿灯表示正常,红灯表示有告警信息。检查频次:1 次/日。

(8) 风扇运转情况检查。定期对风扇及滤网除尘,使风扇运转平稳、无杂音。检查频次:1 次/季。

(9) 系统日志中是否有严重报警记录。定期检查系统日志中是否有严重报警记录,并适时清理。检查频次:1 次/周。

(10) 用户连接数的检查。定期检查用户连接数是否达到饱和。检查频次:1 次/周。

(11) 计算机处理器负荷率的检查。监测计算机处理器的负荷率,正常状态为 30 min 内<30%,突发任务 10 s 内<60%。检查频次:1 次/月。

(12) 内存使用情况的检查。监测计算机内存最大使用率(平均)是否小于 50%,每个月的月末对通信机进行重启,以释放内存空间。检查频次:1 次/月。

(13) 硬盘自由空间情况检查。定期检查磁盘空间,要求存放日志的硬盘至少保留 500 MB 的自由空间,否则预处理程序会由于写不进日志而停止运行。检查频次:1

次/周。

(14) 服务进程运行情况检查。定期检查每台服务器进程运行情况，有无假运行的进程或程序。检查频次：1次/日。

(15) 日志检查。查看网管软件中是否有严重报警出现，查看日志的关键报警信息，如有该类信息，解读信息内容并立刻修复。检查频次：1次/日。

2. 硬件运行状态检查

使用检测软件检查系统的健康情况；检查硬盘使用情况、碎片情况，及时对碎片进行整理；检查CPU使用情况；检查内存使用情况。

3. 性能检查

通过性能监控软件对主机的CPU、内存、磁盘、I/O等进行监控和检测，从而得到系统稳定运行的性能基线，以便在日常运行维护过程中能及时发现异常情况。

第 3 章　乌鲁木齐市道路交通信息化标准发展状况

3.1　道路交通基础地理信息编码技术规范

3.2　道路交通基础地理信息编码流程

3.3　城市道路交通运行监测信息采集技术规范

3.4　城市道路交通可变情报板信息发布技术规范

3.5　道路交通信息化标准化发展相关建议

3.1 道路交通基础地理信息编码技术规范

3.1.1 道路交通基础地理信息编码技术规范发展背景

地理信息技术是智能交通的关键技术之一。随着地理信息技术的发展，各种基于电子地图的数据可视化和分析方法得到广泛应用。但是，由于不同领域的关注重点不一样，因此对电子地图的基础要素定义和描述规范标准不一致，导致不同部门之间地理信息数据难以共享，基于电子地图的道路交通数据的统计分析工作也受到很大限制。

数据一致性表述是乌鲁木齐市交通综合信息平台建设的关键，也是平台发挥重要作用的保障。乌鲁木齐市道路及相关设施的代码若能做到统一、规范，将有利于乌鲁木齐市交通综合信息平台实现基于道路地理信息的交通数据组织、共享和交换，因此编制相关标准就显得尤为重要。

由乌鲁木齐市城市综合交通项目研究中心申报、经行业主管部门自治区交通厅同意，《乌鲁木齐市道路交通基础地理信息编码技术规范》(DB 65/T 3872—2016)被新疆维吾尔自治区质监局在 2015 年第二批计划中立项，计划编号为 XJ15-147。

3.1.2 编码方法

3.1.2.1 编码原则

1. 科学性和系统性

对编码要素进行分类要符合科学性与系统性的基本原则，既要能完整地反映基础地理信息的层次结构，又要能反映出要素类之间的相关性、继承性和行业之间的协调性。

2. 稳定性和灵活性

编码应保证对象的分类和代码结构在较长时间内的稳定性和确定性，同时使底层的分类和要素可根据行业或不同地方的具体情况及要求在此基础上具有可扩充性。

3. 基础性和实用性

要素的分类和代码应充分体现其基础性，以满足各行业和不同地区的使用。另外，各行业和不同地区可根据此要素分类与代码增加相关的信息要素，本标准不过多体现各专业的信息内容。

3.1.2.2 代码结构

道路、道路路段和节点代码采用 3 层 15 位定长阿拉伯数字代码。自左至右，第一层为基础性代码，第二层为专业性代码，第三层为应用性代码，具体结构如图 3-1 所示。

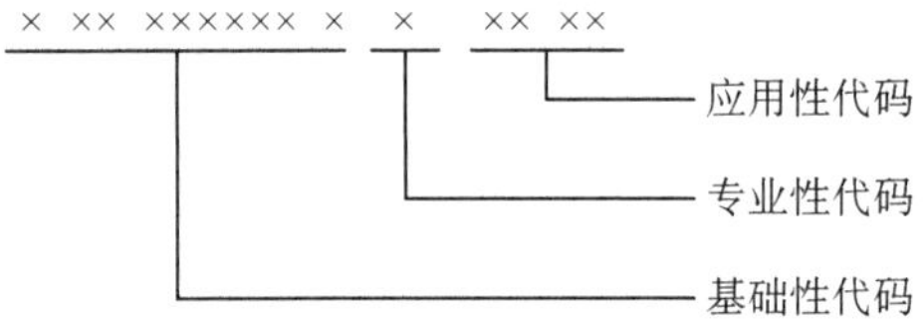

图 3-1　代码结构

3.1.2.3　基础性代码编制方法

基础性代码由类别码、分区码、格网码和位置码四个部分组合而成，自左至右共 10 位阿拉伯数字，结构如图 3-2 所示。

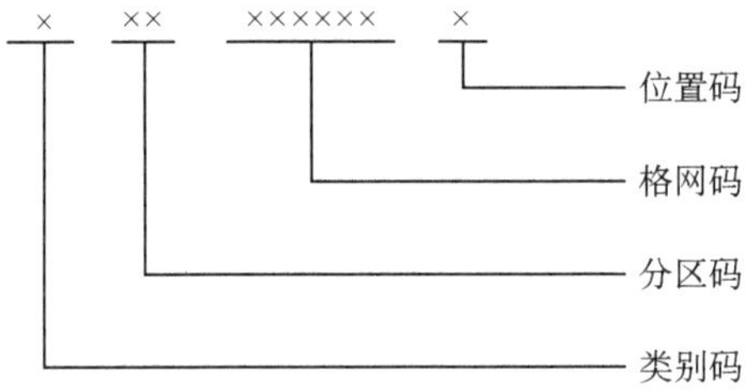

图 3-2　基础性代码结构

1. 类别码

类别码以一位代码表示，用于区分不同的编码要素属性，以及区分道路编码对象与其他基本框架地理要素，具体见表 3-1。

表 3-1　类别码

类别码	编码要素类别	说明
1	线	城市道路、公路
2	线段	两个道路节点之间的道路
3	节点	可抽象为点的交通设施、道路节点

2. 分区码

分区码表示被编码要素处在不同的地理格网。以 30 km 为两线间距，采用东西向水平、南北向按斜率 k 的两线相交方式形成等边平行四边形分区格网。以红山公园红山塔顶尖为中心点，将乌鲁木齐市电子平面地图置于分区格网，以红山塔顶尖为 00 值，按照顺时针方向依次编码，所得编码即为分区码。目前，整个乌鲁木齐市覆盖了 27 个分区（图 3-3）。编码对象抽象为节点及其位置的表达方法详见《乌鲁木齐市道路交通基础地理信息编码技术规范》(DB 65/T 3872—2016) 中附录 A 和附录 B。斜率 k 的值由交通综合信息平台专家委员会确定。

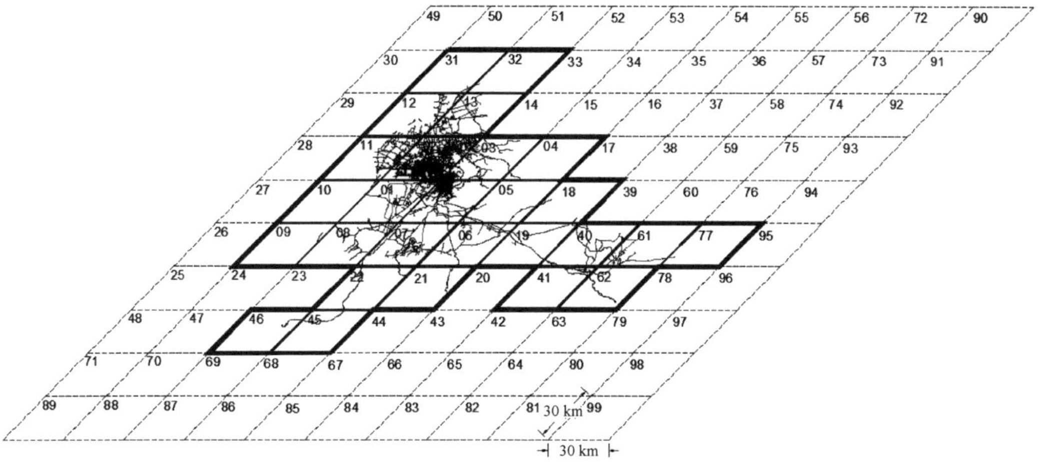

图 3-3　乌鲁木齐市区域划分

3. 格网码

格网码表示被编码要素位置点所处分区的六位代码。对分区网格进一步细分，将每个分区网格按 30 m×30 m 划分为多个正方形格网，形成细分格网(图 3-4)。每一细分格网用六位代码来表示，前三位表示格网所处东西向位置，后三位表示格网所处南北向位置(图 3-5)。格网码前三位的生成方法是：正方形格网自左至右，取值从 0 起始以 1 为增幅至 999，凡位数不足三位的，前面以 0 补足。格网编码后三位的生成方法是：正方形格网自下而上，取值从 0 起始以 1 为增幅至 999，凡位数不足三位的，前面以 0 补足。

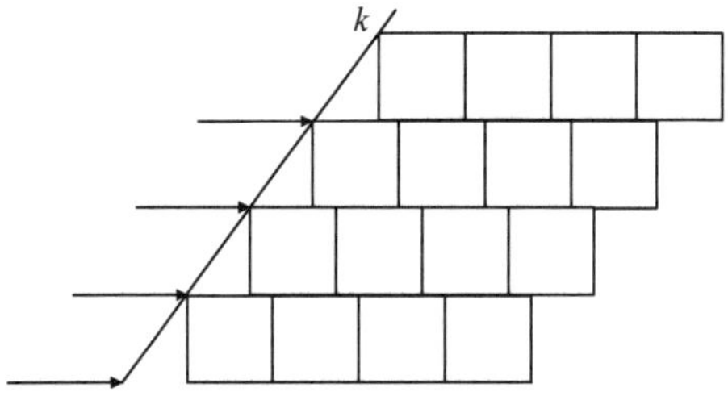

图 3-4　细分格网划分

图 3-5　格网码结构

4. 位置码

位置码表示被编码要素的位置点在一个细分格网内的位置。将一个 30 m×30 m 的细分格网分为 9 份，每一份的大小为 10 m×10 m，每一份代表细分格网内的一个方位，有效值为 1～9，具体分布如图 3-6 所示。

1	2	3
4	5	6
7	8	9

图 3-6　位置码分布位置

3.1.2.4　专业性代码编制方法

专业性代码用于表示编码对象的专业分类，其代码长度为 1 位，具体见表 3-2。

表 3-2　专业性代码

类别码	专业性代码	专业性代码对象类别
1(线)	1	公路中心线
	2	城市道路中心线
2(线段)	1	公路路段
	2	城市道路路段
3(节点)	1	道路交叉口
	2	道路交通场站
	3	交通基础设施
	4	交通安全设施
	5	交通监控设施
	6	公共交通设施
	7	停车管理设施
	8	其他附属设施
	9	扩展设施

3.1.2.5　应用性代码编制方法

1. 应用性代码的组成

应用性代码由扩展码和流水码两部分组成，自左至右共 4 位阿拉伯数字，其中扩展码 2 位、流水码 2 位。

2. 扩展码

在专业性对象的基础上，对各专业性对象进行细化分类，按不同业务部门和应用进行扩展，使各平台间交通相关专业对象形成统一的编码标识，扩展码见表 3-3。

表 3-3　扩展码

<table>
<tr><th>类别码</th><th>专业性代码</th><th>专业性代码对象类别</th><th colspan="2">扩展码</th><th>扩展码对象类别</th></tr>
<tr><td rowspan="11">1(线)</td><td rowspan="6">1</td><td rowspan="6">公路中心线</td><td colspan="2">01</td><td>高速公路中心线</td></tr>
<tr><td colspan="2">02</td><td>一级公路中心线</td></tr>
<tr><td colspan="2">03</td><td>二级公路中心线</td></tr>
<tr><td colspan="2">04</td><td>三级公路中心线</td></tr>
<tr><td colspan="2">05</td><td>四级公路中心线</td></tr>
<tr><td colspan="2">06</td><td>等外公路中心线</td></tr>
<tr><td rowspan="5">2</td><td rowspan="5">城市道路中心线</td><td colspan="2">01</td><td>快速路中心线</td></tr>
<tr><td colspan="2">02</td><td>主干道中心线</td></tr>
<tr><td colspan="2">03</td><td>次干道中心线</td></tr>
<tr><td colspan="2">04</td><td>支路中心线</td></tr>
<tr><td colspan="2">05</td><td>街坊路中心线</td></tr>
<tr><td rowspan="11">2(线段)</td><td rowspan="6">1</td><td rowspan="6">公路路段</td><td>方向码</td><td>1</td><td>高速公路路段</td></tr>
<tr><td>方向码</td><td>2</td><td>一级公路路段</td></tr>
<tr><td>方向码</td><td>3</td><td>二级公路路段</td></tr>
<tr><td>方向码</td><td>4</td><td>三级公路路段</td></tr>
<tr><td>方向码</td><td>5</td><td>四级公路路段</td></tr>
<tr><td>方向码</td><td>6</td><td>等外公路路段</td></tr>
<tr><td rowspan="5">2</td><td rowspan="5">城市道路路段</td><td>方向码</td><td>1</td><td>快速路路段</td></tr>
<tr><td>方向码</td><td>2</td><td>主干道路段</td></tr>
<tr><td>方向码</td><td>3</td><td>次干道路段</td></tr>
<tr><td>方向码</td><td>4</td><td>支路路段</td></tr>
<tr><td>方向码</td><td>5</td><td>街坊路路段</td></tr>
<tr><td rowspan="12">3(节点)</td><td>1</td><td>道路交叉口</td><td colspan="2">01</td><td>道路的交汇节点</td></tr>
<tr><td rowspan="4">2</td><td rowspan="4">道路交通场站</td><td colspan="2">01</td><td>火车站</td></tr>
<tr><td colspan="2">02</td><td>空港</td></tr>
<tr><td colspan="2">03</td><td>长途汽车站</td></tr>
<tr><td colspan="2">04</td><td>渡口码头</td></tr>
<tr><td rowspan="7">3</td><td rowspan="7">交通基础设施</td><td colspan="2">01</td><td>隧道</td></tr>
<tr><td colspan="2">02</td><td>桥梁</td></tr>
<tr><td colspan="2">03</td><td>涵洞</td></tr>
<tr><td colspan="2">04</td><td>收费站</td></tr>
<tr><td colspan="2">05</td><td>服务区</td></tr>
<tr><td colspan="2">06</td><td>道口</td></tr>
<tr><td colspan="2">07</td><td>过街天桥</td></tr>
</table>

（续表）

类别码	专业性代码	专业性代码对象类别	扩展码	扩展码对象类别
3(节点)	3	交通基础设施	08	地下通道
			09	立交
	4	交通安全设施	01	交通标志
			02	护栏
			03	隔离栅
			04	交通标线
	5	交通监控设施	01	视频监控
			02	道路流量检测
			03	可变情报板
			04	交通信号
			05	违法监测
			06	交通环境检测
	6	公共交通设施	01	轨道站点(场)
			02	公交站点(场)
			03	出租车站牌
	7	停车管理设施	01	停车场
			02	停车咪表
	8	其他附属设施	01	架杆
	9	扩展设施	01～99	其他扩展设施节点

3. 方向码

对于有向道路线段中方向码的选择，按照线状要素起点至终点的方向，共分为 9 个方向（图 3-7），每个方向 45°，其中方向 9 表示环形（表 3-4）。

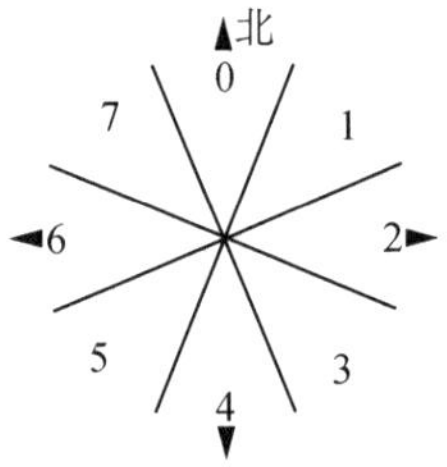

图 3-7　方向码位置

表 3-4　方向码

方向码	名称	方向码	名称
0	北	5	西南
1	东北	6	西
2	东	7	西北
3	东南	9	环形
4	南		

3.1.2.6　应用方法

根据乌鲁木齐市各行业系统的不同情况，在实际应用中通过直接应用或者间接引用两种方式灵活使用《乌鲁木齐市道路交通基础地理信息编码技术规范》(DB 65/T 3872—2016)规定的编码方法。

1. 直接应用

对于没有行业标准的地理数据，可直接应用该标准进行扩展应用编码。

2. 间接引用

对于已有行业标准的地理数据，如采用《城市地理要素编码规则 城市道路、道路交叉口、街坊、市政工程管线》(GB/T 14395—2009)等编码的，可采用间接引用方法，即使用该标准基础编码+原有行业标准编码进行扩展应用编码。

3.2 道路交通基础地理信息编码流程

1. 一般道路节点设置

一般道路的节点主要设置在以下几处：两条或两条以上可以互相连通的道路相交处；道路与铁路平面相交的交叉点位置；道路与较大规模桥梁的连接位置。一般道路分类属性按照《交通管理信息属性分类与编码 城市道路》(GB/T 21379—2008)中的规定分类。

2. 快速道路节点设置

快速道路互通连接立交、出入口匝道作为快速道路划分路段形成节点的依据。

快速道路中心线的平面相交点作为逻辑节点的位置，如图 3-8 所示，图中带箭头的连线表示道路和匝道的车行方向。

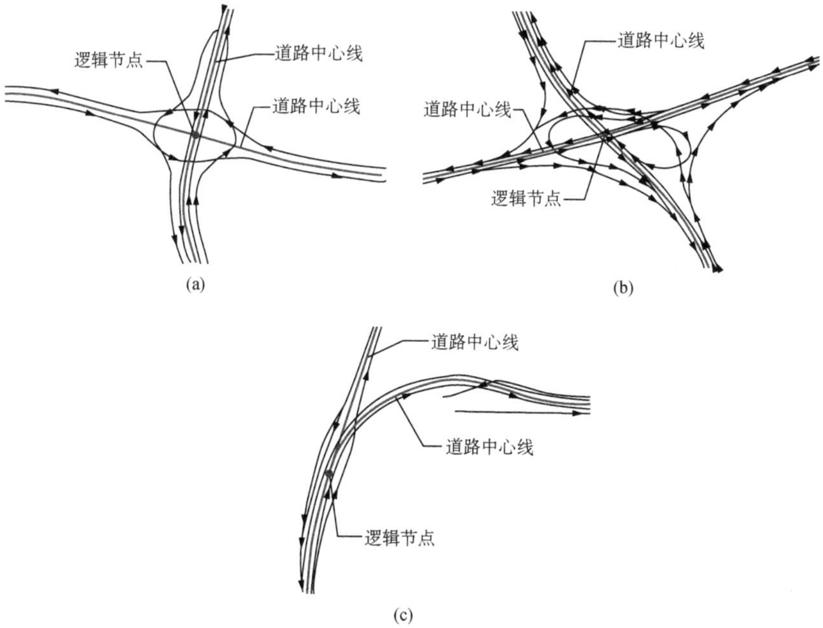

图 3-8 快速道路节点例图

同一路段有上、下匝道的，选择上、下匝道节点之间的中点作为逻辑节点。逻辑节点的具体设置方式是：首先确定快速道路与上、下匝道的连接节点，然后将连接节点垂直投影到道路中心线上，形成上、下匝道连接节点的投影点，逻辑节点就设置在两个投影点的中间，如图 3-9 所示，图中带箭头的连线表示道路和匝道的车行方向，有向道路与上、下匝道之间的节点为连接节点，垂线和道路中心线相交处为投影点。

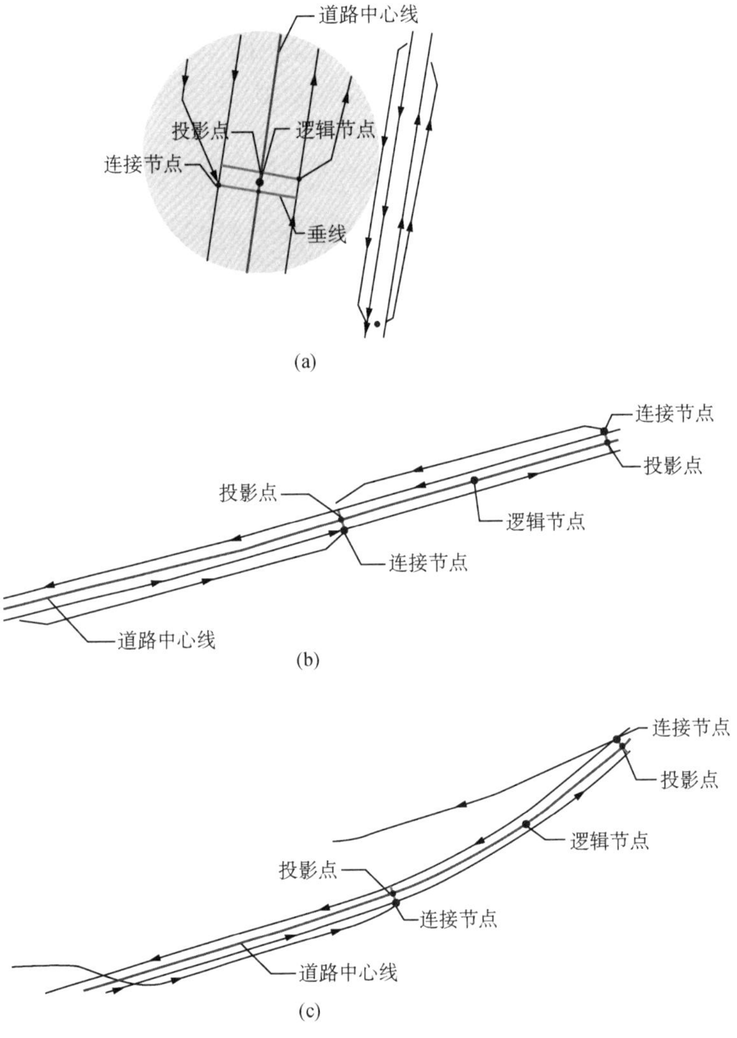

图 3-9　快速道路节点例图

只有上匝道或下匝道的路段，选择上匝道或下匝道的连接节点作为逻辑节点。具体方式是：确定快速道路与上匝道或下匝道的连接节点，然后将连接节点垂直投影到道路中心线上，上匝道或下匝道连接节点的投影点位置就是逻辑节点的设置位置。

3. 高速公路节点设置

高速公路节点设置可参照快速道路节点设置的方法。

3.3 城市道路交通运行监测信息采集技术规范

3.3.1 城市道路交通运行监测信息采集技术发展背景

随着乌鲁木齐市城市化建设的不断发展，道路规模不断扩大，路网也逐步完善。面对城市日益增加的机动车数量和不断扩大的拥堵范围，掌握道路交通运行现状、分析道路运行特性、挖掘路网服务潜能和保障道路高效运行已成为管理部门的一项重要职责。

近些年，乌鲁木齐市公安局交警支队、市城管委、市交通局等交通管理部门积极推进道路交通的信息化建设，交通信息化系统已具备一定的规模，智能交通系统已成为乌鲁木齐市交通管理的重要手段。受管理体制和投资管理的约束，各部门的系统建设仅围绕行业管理需求展开，导致行业间整体衔接不够，或系统重复建设，或数据利用率不高，这无疑影响了乌鲁木齐市交通信息化的应用效果。

为了适应乌鲁木齐市道路交通信息化的发展要求，实现乌鲁木齐市道路信息化资源的统一和共享，实现各类交通信息资源的有效衔接，减少财政重复投资，须将今后建设的智能交通设施统一到以乌鲁木齐智能交通综合平台为核心的框架体系中，故制定了《城市道路交通运行监测信息采集技术规范》(DB 65/T 4059—2017)。

3.3.2 道路交通运行监测信息内容

道路交通运行监测信息主要通过各个监测点的信息采集设备自动获取，并被定期传输至监控中心信息处理系统。道路交通运行监测信息主要包括：交通运行数据、交通事件数据、车辆特征数据、视频图像数据和道路气象数据。

(1) 交通运行数据：包括断面流量、车道流量、车型、平均车速、饱和度或占有率等。

(2) 交通事件数据：包括事件类型、发生时间、发生地点、影响范围等。

(3) 车辆特征数据：包括机动车车牌号码、车型、车标、颜色、图片等。

(4) 视频图像数据：道路监控视频图像。

(5) 道路气象数据：包括能见度、路面状态、风速、降水量、温度、相对湿度等。

3.3.3 道路交通运行监测采集数据

1. 交通运行数据

交通运行数据采集应包括以下参数：

(1) 断面流量：单位时间内通过监测点某一断面的车辆数总和，单位：veh/h。

(2) 车道流量：单位时间内通过监测点某一车道的车辆数总和，单位：veh/h。

(3) 车型：特大型车(车长≥12 m，且核准载重>20 t)、大型车(车长≥12 m，且核准载重≤20 t)、中型车(6 m≤车长<12 m)、小型车(车长<6 m)。

(4) 平均车速:断面平均车速指单位时间内通过监测点某一断面的车辆速度的平均值,单位:km/h;平均行程车速指单位时间内通过某一路径的平均行程车速统计值,单位:km/h。

(5) 饱和度:断面流量与道路设计通行能力(或70%理论通行能力的值)的比值,无单位。

(6) 时间占有率:使用单位时间内监测断面(车道)中车辆占据的时间比值,无单位。

2. 交通事件数据

交通事件数据采集应包括以下一种或多种参数:

(1) 车辆故障:包括机动车停驶等原因影响道路正常通行的事件类型。

(2) 车车事故:包括两辆以上机动车碰撞等原因影响道路正常通行的事件类型。

(3) 车人事故:包括机动车与行人碰撞等原因影响道路正常通行的事件类型。

(4) 道路阻断:包括其他原因导致道路无法通行的事件类型。

(5) 车辆违法:符合《道路交通安全违法行为图像取证技术规范》(GA/T 832—2014)中车辆违法行为的事件类型。

3. 车辆特征数据

车辆特征数据采集应包括以下参数:

(1) 号牌参数:号牌种类、号牌字符。

(2) 车辆外形:车辆标志、车身颜色、车型种类。

(3) 图像数据:号牌图像、驾驶员图像。

(4) 其他参数:无号牌、不完整号牌、临时号牌、车身损坏特性等。

4. 视频图像数据

视频图像数据采集主要包括道路监控视频数据。

5. 道路气象数据

道路气象数据采集应包括以下参数:

(1) 能见度。

(2) 路面状态:冰雪、潮湿、干燥。

(3) 风量:风速、风向。

(4) 雨量:降水量。

(5) 温度:大气温度、路面温度。

(6) 湿度:相对湿度。

3.3.4 监测信息采集技术指标

1. 交通运行数据技术指标

(1) 断面流量具备全天候检测能力,检测准确率应不低于85%,回报数据周期应不大于300 s。

(2) 车道流量具备全天候检测能力,检测准确率应不低于90%,回报数据周期不大于300 s。

(3) 采集车型检测具备全天候检测能力,检测准确率应不低于85%,回报数据周期不大于300 s。

(4) 断面(车道)单车速度检测准确率应不低于90%,平均车速检测准确率应高于85%,回报数据周期不大于300 s。

(5) 饱和度计算准确率应不低于85%,时间占有率准确率应高于85%,回报数据周期不大于300 s。

2. 交通事件数据技术指标

(1) 交通事件分类检出准确率应高于80%,交通事件检测漏报率应低于20%,误报量应小于3次/24 h。

(2) 交通事件检测时延应小于300 s。

(3) 检出率、漏报率、误报量的计算方法应符合《视频交通事件检测器》(GB/T 28789—2012)的要求。

3. 车辆特征数据技术指标

(1) 车辆号牌识别、车辆外形识别的准确率及识别时延应符合《机动车号牌图像自动识别技术规范》(GA/T 833—2016)的要求。

(2) 图像存储时间宜不小于6个月。

4. 视频图像数据技术指标

视频图像监测技术指标应符合《视频安防监控系统技术要求》(GA/T 367—2001)和《乌鲁木齐城市监控报警联网系统总体规划和技术要求》中的要求。

3.3.5 监测点选取要求

交通运行数据监测对象主要包括:快速路、主干路、重要次干路和支路,以及重要桥梁、隧道、互通立交等。

1. 交通运行数据监测点位选取要求

1) 快速路

(1) 快速路主线道路应全覆盖,两个相邻监测点间距不宜超过2 km。

(2) 快速路出入口处应设置监测点。

(3) 快速路网中的重要桥梁、隧道、互通立交、平交口处应设置监测点,若桥梁、隧道长度超过2 km,应在桥梁、隧道中间增设监测点。

2) 主干路

(1) 主干路与其他主干路相交的交叉口入口处应设置监测点。

(2) 主干路与流量较大的次干路、支路相交的交叉口处可设置监测点。

(3) 相邻的主干路与主干路的交叉口当间距超过 2 km 时,应在两个交叉口中间增设监测点。

(4) 快速路辅路按照主干路标准设置监测点。

3) 次干路

(1) 高饱和次干路与次干路的交叉口入口处可设置监测点。

(2) 次干路与流量较大支路的交叉口入口处可设置监测点。

4) 其他

(1) 与快速路出入口衔接的地面道路的交叉口应设置监测点。

(2) 长度超过 2 km 的桥梁、隧道应按照快速路桥梁、隧道标准设置监测点。

2. 交通事件数据监测点位选取要求

1) 快速路

(1) 快速路主线、匝道出入口、互通立交等大交通量的交织区域应设置事件监测点。

(2) 快速路事故高发、易发路段应设置事件监测点。

(3) 快速路内重要桥梁、隧道应设置事件监测点。

2) 主干路、次干路

主干路、次干路的交通事件易发地段、常态下高饱和交叉口、重点区域出入口道路均应设置事件监测点。

3) 其他

(1) 与快速路出入口衔接的地面道路应设置事件监测点。

(2) 普通道路及长度超过 2 km 的桥梁、隧道应设置监测点,其他可设置监测点。

3. 车辆特征数据监测点位选取要求

1) 快速路

(1) 快速路入口处、出口处或进出其他道路的衔接道路前应设置监测点。

(2) 快速路互通立交合流点上游和分流点下游应设置监测点。

(3) 快速路内重要桥梁、隧道出口和入口处应设置监测点。

2) 主干路

(1) 主干路与其他主干路、次干路的交叉口入口应设置监测点。

(2) 主干路在高饱和支路交叉口处应设置监测点。

(3) 主干路相邻交叉口间距超过 2 km 的,应在两个交叉口中间增设监测点。

3) 次干路

(1) 高饱和次干路与次干路的交叉口入口处可设置监测点。

(2) 次干路与流量较大的支路的交叉口入口处可设置监测点。

4) 其他

(1) 重要次干路与次干路交叉口、重要次干路与流量较大支路的交叉口应设置监测点。

(2) 快速路辅路按照主干路标准设置监测点。

(3) 重要桥梁、隧道应按照快速路桥梁、隧道的标准设置监测点。

(4) 交通枢纽、重点区域、热点区域周边道路进出口处应设置监测点。

4. 视频图像监控采集点位选取要求

1) 快速路

(1) 快速路主线道路视频监测采集应全覆盖，并且相邻监测点视频应具有一定的重叠区域。

(2) 快速路出、入口处应设置监测点，监测点视频全覆盖。

(3) 快速路网中的重要桥梁、隧道应设置监测点，监测点视频全覆盖。

2) 主干路

(1) 主干路与其他主干路、次干路的交叉口处应设置监测点；相邻交叉口间距超过 2 km 的，应在两个交叉口入口增设监测点。

(2) 主干路与高饱和支路交叉口处应设置监测点。

3) 次干路

(1) 高饱和次干路与次干路的交叉口处应设置监测点。

(2) 重要次干路与流量较大支路的交叉口处应设置监测点。

4) 其他

(1) 快速路辅路按照主干路标准设置监测点。

(2) 重要桥梁、隧道应按照快速路桥梁、隧道的标准设置监测点。

5. 道路气象数据采集点位选取要求

1) 快速路

(1) 快速路应在道路主线中部或两侧适合位置设置气象监测点；若主线路段长度大于 15 km，应在 7 km 间距设置监测点。

(2) 以大雾为主要恶劣气象条件的快速路路段，应在 5 km 间距设置能见度监测点。

(3) 以结冰为主要恶劣气象条件的快速路路段，应在 5 km 间距设置地面状态监测点。

(4) 以大风为主要恶劣气象条件的快速路路段，应在 5 km 间距设置风力监测点。

(5) 选择气象数据监测点时，应统筹气象监测设施的布设，以节约建设和运维成本。

2) 地面道路

地面道路存在多种恶劣气象条件的区域，可设置综合性气象监测点。

3.3.6　监测点设施设备要求

1. 基本要求

监测点设施设备建设应按照监测数据统筹考虑，监测点尽可能利用同一种监测设施来获取多种监测数据参数。当确实需要建设不同监测设施时，应尽可能地利用共同的基础设施、供电设备和传输通道等。在新建监测点设施时，对基础、通信、供电等设施应预留一定的容量。

2. 基本功能

（1）监测设施应具备自动采集、实时传输或定时传输的功能。

（2）监测设施整体应具备连续全天候工作的能力，设备无故障工作时间应大于30 000 h。

（3）监测设施（视频图像监测设施除外）应具备采集数据本地存储的功能。

（4）监测设施应具备对设施运行状况自动监测和异常告警的功能。

3. 传输功能

（1）监测设施与监控中心计算机系统之间应具有安全可靠的通信链路，局部节点故障不会影响整体系统的正常工作。

（2）监测设施应具备多种接口功能，支持国内通用主流通信接口技术标准。

4. 安全要求

（1）监控中心计算机系统及互联监测设备应具有安全防护功能，防护等级应符合《信息安全技术 网络安全等级保护基本要求》（GB/T 22239—2019）中第二级等保要求。

（2）监测设备能够提供用户身份标识唯一和鉴别信息的功能。监测设备进行数据传输时应与中心计算机系统通过密码技术进行会话初始化验证，验证通过后方可传输数据。

（3）数据传输过程中应对敏感信息字段进行加密。

（4）数据传输过程中应采用校验码技术以确保数据的完整性，同时应能够检测到鉴别信息和业务数据在传输过程中完整性异常的情况。

5. 外观要求

（1）监测设施应外观协调一致、设备外部光滑平整，外壳上不应有明显凹痕、划伤及影响使用的变形、裂缝。

（2）监测设施应标有铭牌，铭牌上应标注该设备的名称、使用单位、维护单位以及建设使用日期等基础信息。铭牌上的文字、符号应清晰、端正、牢靠，在正常工作环境中，在设备整个寿命期间不得脱落，也不易被磨损或擦除。文字符号的内容应符合有关标准的要求。

6. 防水、防尘、防雷电

（1）监测点设备对异物侵入的防护等级应达到且不低于《外壳防护等级（IP 代码）》（GB/T 4208—2017）规定的 IP65 等级。

（2）监测点设备的防水等级达到且不低于《外壳防护等级（IP 代码）》（GB/T 4208—2017）规定的 IPX3 等级。

（3）监测点设备应具有必要的防雷电和过电压保护措施，采用的接口、元器件和防护措施应符合有关标准的要求。

(4) 监测点设备应具有良好的抗干扰和雷电浪涌防护特性，性能满足《信息技术设备、多媒体设备和接收机电磁兼容　第1部分：发射要求》(GB/T 9254.1—2021)A级要求，抗干扰性能满足《信息技术设备、多媒体设备和接收机 电磁兼容　第2部分：抗扰度要求》(GB/T 9254.2—2021)规定要求。

7. 通用环境条件

(1) 环境温度：－40～＋75℃。

(2) 相对湿度：≤98%。

(3) 风力：能在《风力等级》(GB/T 28591—2012)规定的12级风力下正常工作。

3.4 城市道路交通可变情报板信息发布技术规范

3.4.1 城市道路交通可变情报板信息发布技术发展背景

乌鲁木齐市在交通信息化、智能化建设过程中，由于缺少标准和规划滞后等原因，故各级管理部门新建的道路可变信息标志板在板型、样式和发布内容等方面均存在差异，其中许多可变信息板的板型样式模仿上海、北京等城市的可变信息标志，另外，布设点位选择整体规划性较差，导致诱导效果打了折扣。

随着新一轮智能交通建设，乌鲁木齐市各个区县正如火如荼地开展智能交通建设，道路可变信息标志作为面向公众的服务标志性设施已成为智能交通建设的一项重要内容。为了更好地指导各个行业单位、区县主管部门开展智能交通道路可变信息标志的建设，规范全市道路交通信息的发布与管理，特制定了《城市道路交通可变情报板信息发布技术规范》(DB 65/T 4058—2017)，以整体提高乌鲁木齐市的信息化服务水平和政府服务形象。

3.4.2 基本功能

交通管理部门在道路上设置道路交通可变情报板，向沿线经过的出行者提供交通运行状态、重大突发事件、道路施工以及气象环境等出行服务信息。

3.4.3 发布内容

道路交通可变情报板的内容应包括交通运行信息、交通事件信息、道路施工信息、交通管制信息、气象环境信息和管理辅助信息。

(1) 交通运行信息：包括道路运行状态、停车设施状态、平均行程时间、道路交通流量等。

(2) 交通事件信息：包括车辆故障、车辆事故、交通违法等。

(3) 道路施工信息:包括施工阻断、道路占用、绕行方案等。

(4) 交通管制信息:包括道路(车道)封闭、限速提示、出入口(收费站)开/关闭、流量控制等。

(5) 气象环境信息:包括气象与灾害性预警信息、能见度、路面状况、风力等。

(6) 管理辅助信息:包括公告信息、宣传信息等。

3.4.4 发布形式

信息发布形式有三种:文字信息、图形信息和图像信息。

(1) 文字信息:应支持《信息技术 中文编码字符集》(GB 18030—2005)中规定的字符显示。

(2) 图形信息:应支持流行多媒体图形格式显示。

(3) 图像信息:应支持流行多媒体动态文件格式和流媒体文件。

3.4.5 样式分类

道路交通可变情报板分类如下:

(1) 根据显示模块布局分类,道路交通可变情报板可分为全屏式可变情报板和嵌入式可变情报板。全屏式可变情报板又称为全点阵可变情报板,其显示屏幕全部由电子显示模块组成。嵌入式可变情报板的显示屏幕由静态背景板和电子显示模块共同组成。

(2) 根据服务区域范围分类,道路交通可变情报板可分为广域型可变情报板和区域型可变情报板。广域型可变情报板是主要服务较长距离出行的大型可变情报板。区域型可变情报板是主要服务中短距离出行的中小型可变情报板。

3.4.6 布设要求

1. 布设原则

(1) 道路交通可变情报板应设立在道路交叉口或互通立交、分流点上游。设置道路交通可变情报板时应充分考虑其功能定位和服务范围。

(2) 布设位置选取时应综合考虑行车安全,不妨碍行人及车辆通行。

(3) 安装位置应有利于驾驶员观察,前方路肩不应有绿化、其他交通标志、路灯等遮挡物。

(4) 显示的信息应简明易懂。

(5) 设计时应便于操作人员维护管理,应具备远程信息发布和本地信息发布等功能。

2. 位置选取

(1) 广域型可变情报板的位置选取要求:快速路上一般应设置在主线分流点前或者大型互通立交上游 800～1 200 m 区域内;地面道路上一般应设置在可供选择的交叉口前

2～3个交叉口或上游800～1 000 m。

(2) 区域型可变情报板的位置选取要求：快速路上应设置在主线交通分流点前上游500～800 m区域内，或上游1～2个交叉口、快速路入口处或衔接辅道上游；地面道路上应设置在可供选择的交叉口前1～2个交叉口或上游500～800 m。

3.4.7 版面要求

1. 基本要求

道路交通可变情报板展示的道路或设施应简洁、直观；可变情报板涉及相同道路、指向时应统一名称；使用的文字、图形样式风格应一致；可变情报板反映的道路图形样式应优先与静态道路标志一致；反映实际路网的同时应兼顾版面大小和整体美观性。

2. 版面底色

(1) 嵌入式可变情报板的版面底色应符合《城市道路交通标志和标线设置规范》(GB 51038—2015)的相关规定。对于混合型路网版面，其版面底色宜以路网高级别确定。

(2) 全屏式可变情报板的背景底色应符合三基色发光要求，每种基色要求具有至少256个灰度等级。

3. 版面字体

可变情报板使用的字体、汉字高度及汉字间隔等可参考《道路交通标志和标线 第2部分：道路交通标志》(GB 5768.2—2022)中相关“指路标志”的规定，同时可考虑民族区域文化及文字特点。

3.4.8 设备要求

道路交通可变情报板设备主要由显示屏、控制器、传输设备、电力设备、门架以及相关连接件等外场设备和用于发布信息的计算机系统等组成。

1. 外场设备

(1) 道路交通可变情报板要求整体结构牢固、外形美观，边角过渡圆滑，无飞边、无毛刺。

(2) 外壳(包括控制箱)及连接件的防护层色泽应均匀，无划伤、裂痕、基体裸露等缺陷。

(3) 附着安装门架立杆各设备要求牢固端正、位置正确、部件齐全；走线孔开口合适、切口整齐，密封良好；箱内接线整齐，回路编号清楚，走线整齐；箱体应采取防水、防锈措施，密封良好，箱体内外清洁。

(4) 道路交通可变情报板的显示模块内各个显示模块之间应排列均匀、平整，符合《LED道路交通诱导可变信息标志》(GA/T 484—2018)中关于显示模块和像素排列及检测的要求。

(5) 道路交通可变情报板设备应标有铭牌，铭牌应标注该设备的名称、使用单位、维护单位以及建设使用日期等基础信息。铭牌上的文字、符号应清晰、端正、牢靠，在正常的工作环境条件下，在设备整个寿命期间不得脱落，也不易被磨损或擦除。文字及符号的内容应符合有关标准的要求。

2. 通信传输

(1) 外场设备与计算机系统应具有安全可靠的通信链路，且具备链路保护功能，局部物理传输媒介或通信节点的故障不会影响整体系统的正常工作。

(2) 外场设备应具备多种接口功能，支持国内通用主流通信接口技术标准。

3. 显示屏

显示屏中相关电子显示模块、发光二极管等的像素布局、点间距、光学性能、电气性能应符合《LED道路交通诱导可变信息标志》(GA/T 484—2018)中的相关规定。

4. 照明

嵌入式可变情报板可设置照明灯具，而照明灯具可根据环境条件具备自动开启功能。

5. 故障检测

可变情报板应具备设备运行状态自动检测功能，能够对电子显示模块、控制、供电、通信等设备进行自动检测和故障报警。

6. 光感检测

可变情报板应具备环境光照感知功能，并能根据光照强度自动调整显示单元的发光亮度。

7. 可靠性

(1) 可变情报板设备平均无故障运行时间应大于10 000 h。

(2) 电子显示屏亮度衰减值与屏体初始亮度之比应小于20%。

3.4.9 信息发布

1. 基本要求

(1) 道路交通可变情报板应具备远程发布功能和本地发布功能。

(2) 道路交通可变情报板信息发布应建立完善可行的应急发布预案，可变情报板外场设备应存储应急发布预案，在控制或通信中断时具备紧急发布功能。

2. 发布记录

道路交通可变情报板发布系统应具备发布信息及记录存储功能，能够连续保存7天的发布记录。

3. 发布反馈

道路交通可变情报板发布系统应具备发布信息反馈功能，能够准确反馈可变情报板显示屏的显示信息。

4. 其他要求

(1) 道路交通可变情报板接收发布数据至显示屏的显示输出时延应小于100 ms。

(2) 道路交通可变情报板接收发布数据至显示屏显示输出时准确性应达到99.999%。

(3) 道路交通可变情报板接收发布记录的完整性应达到99.9%。

3.4.10　安全要求

(1) 道路交通可变情报板计算机系统及设备应具有安全防护功能，防护等级应符合《信息安全技术 网络安全等级保护基本要求》(GB/T 22239—2019)中的第二级等保要求。

(2) 外场设备能够提供用户身份标识唯一和鉴别信息的功能。设备数据传输时应与中心计算机系统通过密码技术进行会话初始化验证，验证通过后方可传输数据。

(3) 数据传输过程中应采用校验码技术以确保数据的完整性，同时应能够检测到鉴别信息和业务数据在传输过程中完整性异常的情况。

(4) 系统在新建或改扩建时应重新进行安全评测，设计并配备必要的安全设备、安全措施，建成后相关系统的信息安全等级应不低于原有等级。

3.4.11　其他

可变情报板设备环境适应性要求：

(1) 耐高温、低温及湿度适应性应满足《LED道路交通诱导可变信息标志》(GA/T 484—2018)相关规定。

(2) 外壳对异物侵入的防护等级应达到且不低于《外壳防护等级(IP代码)》(GB/T 4208—2017)规定的IP65等级。

(3) 防水等级达到且不低于《外壳防护等级(IP代码)》(GB/T 4208—2017)规定的IPX3等级。

(4) 设备应具有必要的防雷电和过电压保护措施，采用的接口、元器件和防护措施应符合有关标准的要求，并按《雷电电磁脉冲的防护 第一部分：通则》(GB/T 19271.1—2003)中有关雷电电磁脉冲防护的相关规定执行。

(5) 设备应具有良好的抗干扰和雷电浪涌防护特性，性能满足《信息技术设备、多媒体设备和接收机 电磁兼容　第1部分：发射要求》(GB/T 9254.1—2021)A级要求，抗干扰性能满足《信息技术设备、多媒体设备和接收机 电磁兼容　第2部分：抗扰度要求》(GB/T 9254.2—2021)规定要求。

3.4.12　通用环境条件

(1) 环境温度：−40～+75℃。

(2) 相对湿度：≤98%。

(3) 风力：能够在《风力等级》(GB/T 28591—2012)规定的12级风力下正常工作。

3.5 道路交通信息化标准化发展相关建议

近几年，乌鲁木齐市在道路交通信息化技术标准研究和应用上取得了一些成绩，为建立标准化工作机制、法治环境、运行机制奠定了较好的基础。但当前道路交通信息化技术标准化整体进展仍存在诸多不适应工程建设、发展需要和标准化工作规律的薄弱环节，标准缺口大。

在标准体系框架的引领和指导下，为保证本市道路交通信息化技术标准化、智能交通标准化发展的系统性和规划性，今后道路交通信息化技术标准的研究、制定工作中应重点考虑以下几方面的内容。

1. 聚焦发展重点，抓紧相关标准的研究和制定

在道路交通信息化标准框架体系中，每个标准项目的地位及作用是不同的，有的标准是其他标准制定的基础和前提，并保障后续标准的有效制定，所以有必要在道路交通信息化技术标准体系框架中选出对于标准体系框架有重要支撑作用的这类标准。这些标准的制定能够有效集中人力物力，在较短的时间内制定出道路交通信息技术发展急需的标准，消除道路交通信息化技术标准制定过程中的瓶颈，从而保障道路交通信息化技术标准体系有效按时推进。

交通综合信息平台的研究、开发和建设，道路交通信息采集工程的落实，以及电子不停车收费、道路拥挤收费、停车收费等一系列交通需求管理措施的实施，需要相应的一系列技术标准的支撑。

2. 加强标准化关键技术课题研究，带动标准化水平跨越式提升

在加强标准科研保障机制建设的基础上，开展标准化发展关键技术课题研究，做好道路交通信息化技术标准化基础研究工作。加强道路不停车收费、道路交通信息采集与通信系统、道路交通信息服务、紧急事件服务等领域的标准需求研究，结合交通综合信息平台建设、道路交通信息采集系统工程、道路交通信息技术研发等实际工程和研究，注重标准的总结和提炼，及时形成并积累一批道路交通信息技术应用的重点标准。开展国内外标准，特别是国家标准的关联度研究，着力推动采用国家标准、国际先进标准的工作，建立国内外先进标准跟踪研究机制，及时掌握国内外道路交通信息化技术标准化动向。

道路交通信息技术的快速发展，导致很多标准制定时的技术水平、系统建设与现状存在较大差异，大部分现有标准已不适应当前的发展需求，急需修改完善。地方标准和企业

标准实施后，应当根据智能交通技术的发展需要，由该标准的主管部门组织有关单位适时进行复审，复审周期一般不超过 5 年。不需要修改的标准确认继续有效；需修改的标准则作为修订项目，列入乌鲁木齐市地方或各级部门企业标准修订计划；已无存在必要的标准予以废止。

第 4 章　乌鲁木齐市公共交通信息化标准发展状况

4.1　乌鲁木齐市公共汽电车车载信息终端技术要求

4.2　乌鲁木齐市出租汽车车载信息终端技术要求

4.3　乌鲁木齐市公共汽电车站点、线路基础地理信息编码规范随着乌鲁木齐市城市东延、西进、北扩，加上公交城乡客运一体化的推进，乌鲁木齐市逐渐增加和调整了公交线路，合理调配公共资源，以适应城市的发展需求。目前，已形成常规公交、快速公交(BRT)、直达专线(Z)、大站快线(D)、环线快客(K)、社区巴士(S)、定制公交等多种营运模式相结合、层次丰富、互为补充的公交网络，满足了不同层次的出行需求。公共交通作为一种重要的公众出行方式，其信息化程度的高低也直接影响人们日常出行的便利程度。公交信息化是利用信息科技手段来提高信息的利用效率，并且对目前公交运行系统进行技术改造，提升运营调度和管理手段，提高其运营效率，从而为公交使用者提供方便，缓解道路上的交通压力。

乌鲁木齐市出租汽车智能系统不断升级。2002 年，乌鲁木齐开始建设出租汽车信息管理系统。2008 年，乌鲁木齐市出租汽车统一安装了卫星定位终端，并将终端数据接入统一的监控平台。2009 年开始，乌鲁木齐市发放出租汽车从业人员 IC 卡资格证约 4 万张，用于违章稽查。2012 年 7 月，乌鲁木齐市有 6 家出租汽车公司、上千辆出租汽车提供电话预约叫车服务，乘客可以提前约车。2013 年 7 月 11 日，乌鲁木齐市出现了第一辆使用机打发票的出租汽车，随后乌鲁木齐市出租汽车逐步实行机打发票。同年，部分出租汽车开通了智能预约叫车服务。2014 年 6 月，第一批出租汽车(共 2 100 辆)安装了一卡通刷卡系统，乘客可刷卡付费。2015 年，网约车开始进入出租汽车客运市场。乌鲁木齐市合理引导网约车的发展，和巡游车互为补充，共同服务于公众出行。

4.1　乌鲁木齐市公共汽电车车载信息终端技术要求

4.1.1　规范编制的背景和目的

乌鲁木齐市公交车载信息系统有车载终端、红山一卡通 POS 机、DVR 设备、车内 LED 显示屏、报站器等多种设备，各自分散设置，独立运行，部分设备功能重叠，通信链路冗余，没有完全互联互通，功能整合不够，影响了智能调度和实时运营监控的实现。车载调度终端只能和供货商自己的调度系统兼容，导致供货商往往在某一家营运公司处于垄断地位，造成设备可替代性差，这不利于车载设备的价格竞争和功能优选。同时，分散的车载设备可靠性差，运行维护成本也较高。

为了规范和有效集成各类车载设备的技术功能，集约化建设车载信息系统，便于出厂预装和后期改装，实现可扩展、易维护、数据传输规范一致、技术先进和运行可靠等技术要求，有必要规范车载信息系统的基本配置和可扩展配置(Wi-Fi、客流采集器、北斗定位等)、内部设备通信接口协议、车载与中心通信接口协议、系统功能要求、设备性能要求、前装技术要求、系统检测和运行维护要求等。

编制公交车载信息系统一体化的技术要求，可以指导和规范设备供应商开发符合公交企业需求的一体化车载设备，提高系统可靠性，降低企业运行成本。

从企业运营调度来看，对车载信息系统进行统一要求，可避免多家供货商设备不兼容的问题，不仅有利于企业对车载信息系统的维护，也有利于产品的多家供应的优选和集中采购。

同时，车载信息系统一体化有利于规范企业对车载信息系统的保养维护。在车辆购置环节实现一体化设备的前装，可提高车载信息系统的稳定性。

4.1.2 规范总则

《乌鲁木齐市公共汽电车车载信息终端技术要求》(DB 65/T 3870—2016)的编制为公共汽电车车载信息系统开发厂商以及公交企业和行业管理部门提供了一套科学、统一的技术标准；同时，对于解决公共汽电车车载信息系统应用中存在的问题，确保系统功能的实现，使其为促进乌鲁木齐市公交行业智能化建设的发展发挥更大作用方面具有重要的意义。本规范主要规定了公共汽电车车载信息系统的基本构成、接口、功能要求和性能要求等，涉及车载信息系统硬件及软件的设计、开发技术要求等方面的内容。

4.1.3 规范主要内容

1. 车载信息终端构成

车载信息终端主机和相关外部设备共同构成了公共汽电车的车载信息终端，其构成如图 4-1 所示。

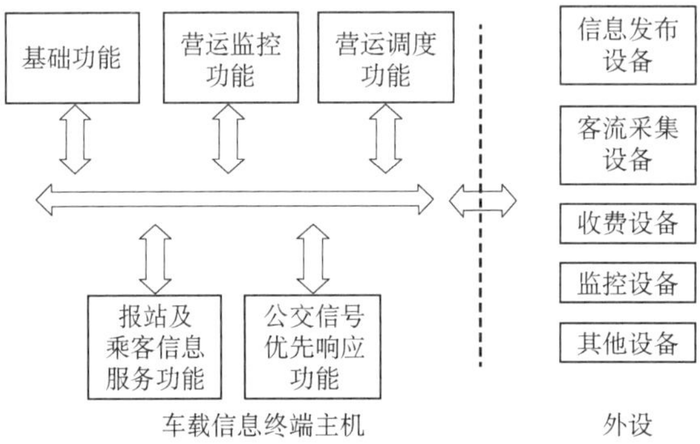

图 4-1 公共汽电车车载信息终端构成示意

其中，车载信息终端主机包括电源模块、定位模块、通信模块、视频模块、存储模块、时钟模块、报站模块、RFID① 读卡模块，并应具有显示屏、操作键盘、麦克风、喇叭等 I/O 支撑设备，还可包括 Wi-Fi 模块和 CAN② 模块。

① RFID：射频识别(radio frequency identification)。

② CAN：控制器局域网络(controller area network)。

车载信息终端主机连接的外部设备包括信息发布设备（如车内走字屏、头牌、腰牌和尾牌，简称四牌）、客流采集设备（如红外检测、载重感应客流计或3D仿双目识别客流计）、收费设备（如POS机、投币机）和监控设备，还可选配安装公交信号优先车载设备、温度检测设备、ACC① 及开关门检测设备、火灾探测设备、CAN总线设备等。

2. 车载信息终端主机

车载信息终端主机应通过通用接口（RS232、RS485、RS422、USB Device、USB HOST、开关量信号检测、开关量控制）实现与车内的POS机、投币机、客流计及四牌的连接，并预留出与温度检测设备、ACC及开关门检测设备等的接口；同时，能采取U盘方式将相关信息导入或导出车载信息终端主机，实现数据的采集和交换。

3. 车载信息系统主要功能

《乌鲁木齐市公共汽电车车载信息终端技术要求》(DB 65/T 3870—2016)规定车载系统要具备以下这些功能：自检、终端配置、定位、通信、数据采集、人机交互、监听、时钟校对、熄火工作模式等基本功能；紧急情况报警、驾驶行为管理、远程巡查回复等营运监控功能；考勤管理、调度信息下发上传、辅助调度等营运调度功能；语音播报、信息显示等报站及乘客信息服务功能以及公交信号优先响应功能。

在定位方面，考虑到我国战略发展的需要，在北斗卫星导航系统（以下简称"北斗"）还没有完全成熟的情况下，本规范提出了车载信息系统应具有北斗或北斗/GPS双模定位功能的要求。

在通信方面，考虑到无线通信费用的限制以及大量数据传输的需要，增加了车辆进场后Wi-Fi传输的要求。

车辆动态数据采集是公交智能化的底层基础，除了常规的车辆位置、速度等卫星定位信息外，本规范还提出了针对新能源汽车的电池状态信息、车辆CAN总线数据（发动机转速、刹车、倒车、开关门状态）、驾驶员操作信息、安全行驶信息、营运调度信息、客流信息、视频信息和音频信息等的采集需求。

在人机交互方面，除了常规的键盘输入外，本规范还提出了触摸屏输入的要求，要求显示屏能够根据车辆到站、倒车状态自动切换中门视频、倒车视频。同时，要求显示屏动态显示调度信息，配合驾驶员座位附近的麦克风、喇叭，使驾驶员和调度中心之间能够实现通畅的信息沟通。

为了驾驶员和乘客的安全，考虑到新疆维吾尔自治区的实际需求，本规范专门增加了紧急报警功能要求。当发生紧急情况时，驾驶员可触动紧急报警按钮实施主动报警，并能自动向远程平台发送报警信息和相应的音/视频信息。

在驾驶行为管理方面，包括以下这些功能：不同路段的车辆限速阈值设定和超速报警

① ACC：汽车用带点火开关的转向锁的专用挡位。

功能；营运区间电子围栏设置和偏离报警功能；在公交站点长时间等待或者在公交站点不停靠等影响服务水平及导致安全隐患的滞站和越站的报警功能；车辆异常开关门时报警并提供车辆位置、速度等信息的功能。

考虑到对驾驶员和售票员在车时间的监管，本规范提出了车载信息系统可以配备RFID模块，以实现签到签退功能。

为了将车辆的运营过程更好地融入智能化调度的全过程，车载信息系统和调度中心之间除了线路、站点、报站文件等的信息传递外，车载信息系统还应能够通过显示屏显示行车计划、车速、营运状态、当前站点、下一站点、中/后门视频、特殊营运申请、计划执行情况、前后车距等辅助信息，以便营运过程中驾驶员的各项工作能更加地从容、稳定。

在报站及乘客信息服务方面，本规范规定了报站信息的内容、汉语/维吾尔语播报的要求，且要求报站功能可以满足大站车、区间车、临时派车等特殊调度的需求，支持手动/自动报站切换，支持线路、上/下行切换等。

针对BRT和常规公交的优先通行需求，本规范规定了车载信息系统与公交信号优先车载设备对接的要求。

4. 车载信息系统性能要求

本规范对车载信息系统的整体性能、卫星定位性能、视频监控性能和键盘显示屏性能进行了规定。

4.2 乌鲁木齐市出租汽车车载信息终端技术要求

4.2.1 规范编制的背景和目的

乌鲁木齐市出租汽车车载设备面临全面升级改造和一体化建设的任务，将加装安全报警、驾驶员IC卡签到、红山一卡通刷卡设备、机打发票和税控装置，以实现位置信息和交易数据上传、空/重车状态采集和显示、监听和摄像、远程监控等功能，因涉及多家设备供应商、建设和运维主体，所以有必要制定全市统一的针对出租汽车车载信息系统的功能要求、接口规范、安装要求、数据传输要求、技术性能指标等，以规范设备采购、运行维护等。

按照统一的技术标准进行升级改造，设定车载信息系统的功能和性能准入条件，从而规范出租汽车车载设备的采购供应，满足企业运营调度管理行业监管的需要。

出租汽车作为检测城市道路交通状况的一种手段，已在国内外城市交通信息采集和发布服务系统中得到了广泛应用，出租汽车的动态信息是乌鲁木齐市交通综合信息平台的重要数据资源，因此有必要通过规范来明确出租汽车车载信息系统的技术要求、数据采集和传输的技术要求，以及持续运行维护的技术要求。本规范将明确出租汽车车载信息系统的技术要求，针对乌鲁木齐市社会安全的需求，加强车辆安全技术防范，这对于行业监管、企业调度和交通信息采集服务等方面具有十分重要的指导意义。

4.2.2　规范总则

《乌鲁木齐市出租汽车车载信息终端技术要求》(DB 65/T 3869—2016)的编制为出租汽车车载信息终端开发厂商以及出租企业和行业管理部门提供了一套科学、统一的技术标准；同时，对于解决出租汽车车载信息终端应用中存在的问题，以确保系统功能实现，使其为促进乌鲁木齐市出租行业智能化建设发展发挥更大作用方面具有重要的意义。本规范主要规定了出租汽车车载信息终端的一般要求、功能要求和性能要求，涉及车载信息系统硬件以及软件的设计、开发技术要求等方面的内容。

4.2.3　规范主要内容

1. 一般要求

智能服务终端(Intelligent Service Unit，ISU)和相关外部设备共同构成出租汽车车载信息终端，以实现定位、无线通信、驾驶员信息采集等业务功能及设备自检、分级电源管理、人机交互等技术功能，其系统构成如图4-2所示。

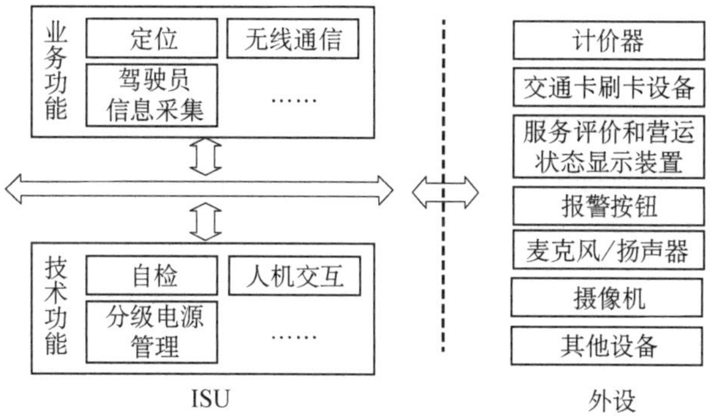

图4-2　出租汽车车载信息终端系统构成示意

其中，ISU包括处理模块、存储模块、定位模块、通信模块、视频模块、时钟模块、IC卡读卡模块、显示屏和键盘等。

ISU连接的外部设备应包括摄像机、麦克风/扬声器、报警按钮、服务评价和营运状态显示装置等，还可选配安装LED/LCD信息发布屏、车况检测装置(如温度探测器、乙醇探测器等)、车辆控制装置(如汽车启动电流切除继电器、燃油/燃气控制阀等)。

2. 车载信息终端的主要功能

本规范规定了ISU要具备定位、无线通信、驾驶员信息采集、乘客刷卡消费、警示提醒、电召服务与车辆调度、设备控制、录音管理、图像/视频管理、通话、远程营运状态更新、语音播报、服务评价和营运状态显示、乘客数采集、路况报送等业务功能，以及设备自检、分级电源管理、人机交互、刹车信号采集、校时提醒等计数功能。

在定位方面，考虑到我国战略发展的需要，在北斗还没完全成熟的情况下，本规范提出了ISU应具有北斗或北斗/GPS双模定位功能的要求。同时，根据出租车的运行特点，以及车辆点火状态、空驶/载客状态和报警状态等条件，可以不同周期上传车辆的位置信息。当车辆长时间停放或终端处于休眠状态时，也应以一定的时间间隔上传位置信息。

在无线通信方面，考虑到出租车多方监管的要求，本规范要求ISU应支持至少三个远程连接。

在驾驶员信息采集方面，将驾驶员身份卡作为计价器的开关钥匙，以实现驾驶员身份卡和计价器的绑定，进而实现各类采集信息和驾驶员的关联。

在乘客刷卡消费方面，要求刷卡数据通过ISU传输到结算中心或出租车管理中心，并且支持在线或离线方式有效性验证，离线方式至少支持20 000条无效卡名单的存储。

触动报警按钮应安装在隐蔽位置，且方便驾驶员触发；当发生车辆超速、越区域、定位模块故障、蓄电池电量不足、车辆非法点火、非法位移时能自动报警。

ISU应能接收并显示出租车管理中心下发的电召指令，并能通过相关按键及时进行抢答、应答、任务完成确认和订单申请；能接收并显示中心下发的调度指令，配合完成应急情况下的车辆调度。

为了应对紧急事件，本规范中还提出了出租车调度中心可以远程控制设备的键盘、显示屏等暂停或恢复工作的功能；通过发送锁闭或解锁等指令对计价器、刷卡设备等外部设备的工作状态进行控制的功能。在录音管理方面，本规范要求进行车内实时录音，录音应清晰，能辨析驾驶员与乘客的对话，并按照每一个独立完整的营运过程、特定条件等对录音的起止时间、起止位置进行记录。同时，对车内视频，支持中心控制、定时和事件触发方式实现拍照或录像，驾驶员每次签到签退、计价器打表、车辆开关门发生时应自动拍摄图片。驾驶员可以和出租车调度中心实现双向通话，在特定条件下可以实现车内通话的中心监听。通过远程控制、语音、视频等技术手段，全方位提升车辆的安全性。

在语音播报方面，通过计价器按下后的欢迎词、计费标准播报，计价器空车牌翻起后的金额、提示语播报，调度、电召语音播报等为驾驶员和乘客提供语音信息服务。

在服务评价和营运状态显示方面，车辆前排安装一体化的服务评价和营运状态显示装置，车辆后排安装服务评价装置。一体化的服务评价和营运状态显示装置包括正反两面，一面实现服务评价功能，另一面实现营运状态显示功能。服务评价装置至少应支持“非常满意”“满意”和“不满意”三个评价结果按键，并能扩展其他评价结果按键。在空车、载客、电召或停运等营运状态下应能正确显示标识，在空车时应能正确显示出租汽车驾驶员的服务质量信誉考核等级，并能接收系统指令，显示防伪密标。

为了精准采集客流需求，配合城市交通智慧化发展，本规范还提出了车辆宜具备通过视频分析的方式采集车内乘车人数的功能，通过和车辆位置信息的绑定，实现出租车上、下客点需求量的采集。

出租车是城市道路上运行的浮动数据采集个体，本规范提出车辆上宜设置 3～4 个路况报送按键，支持向中心报送“拥堵”“事故”“畅通”等路况信息。

为了提升出租车提供的浮动车数据的质量，提高数据可用性，本规范对车辆刹车信号的采集提出了要求。车载信息终端宜具有刹车信号采集功能，通过专用线连接，能采集车辆营运状态下的刹车信号。在刹车时间小于 5 s 时，车辆状态信息中不显示刹车状态，也不显示刹车持续时间；当刹车时间大于 5 s，且小于 10 s 时，车辆状态信息中显示刹车状态，同时显示刹车持续时长，并在间隔 10 s 的定时位置信息中上传，且刹车状态和刹车持续时间同时清零。通过这种方式来区分路段正常行驶时的刹车和交叉口红灯等待时的刹车，从而更详细地体现车辆的运行过程。本规范附录 B 中对刹车信号采集协议进行了规定，具体做法是对《出租汽车服务管理信息系统 第 2 部分：运营专用设备》(JT/T 905.2—2014)中表 12 的预留参数 Ox004C 加以定义，实现对刹车信号是否上传的参数设置，另外，对表 21 的预留位 7、15～17 加以定义，实现刹车持续时间信息的采集。

3. 性能要求

本规范对车载信息终端的整体性能、键盘和显示屏性能、定位性能均进行了规定。

4. 设备接口定义

为了统一外部设备与 ISU 之间的接口，便于不同厂商的设备间能够兼容，本规范规定了摄像机接口、服务评价装置接口和计价器接口。

摄像机和 ISU 之间的接插件采用 SD-5559-06P 型 6 芯对接连接器，其中摄像机采用孔插(母端)，ISU 采用针插(公端)，如图 4-3 所示。各连接线定义见表 4-1。

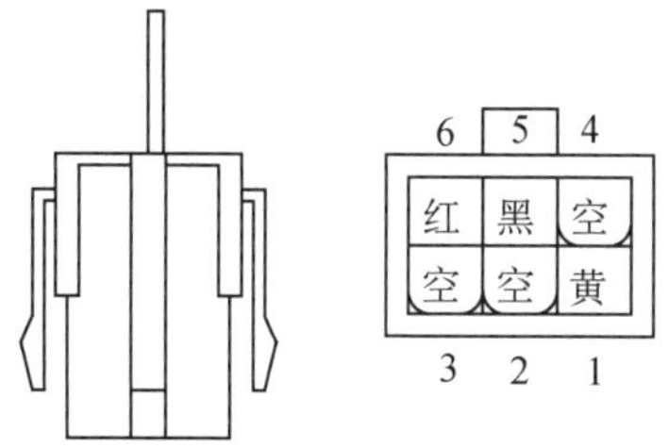

图 4-3　摄像机与 ISU 连接器示意

表 4-1　摄像机与 ISU 连接器各连接线定义

接口	1	5	6
颜色	黄	黑	红
定义	视频输入(ISU)	接地线	12 V 电源输出线(ISU)

服务评价装置和 ISU 之间的接插件采用 SD-5557-06R 型 6 芯对接连接器，其中服务评

价装置采用针插(公端),ISU 采用孔插(母端),如图 4-4 所示。各连接线定义见表 4-2。

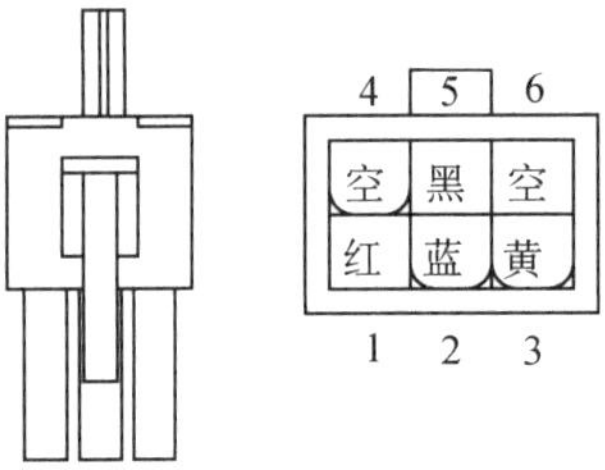

图 4-4 服务评价装置与 ISU 连接器示意

表 4-2 服务评价装置与 ISU 连接器各连接线定义

接口	1	2	3	5
颜色	红	蓝	黄	黑
定义	IN1 非常满意 (低电平有效)	IN2 满意 (低电平有效)	IN3 不满意 (低电平有效)	接地线

计价器和 ISU 之间的接插件采用 SD-5559-04P 型 4 芯对接连接器,其中计价器采用孔插(母端),ISU 采用针插(公端),如图 4-5 所示。各连接线定义见表 4-3。

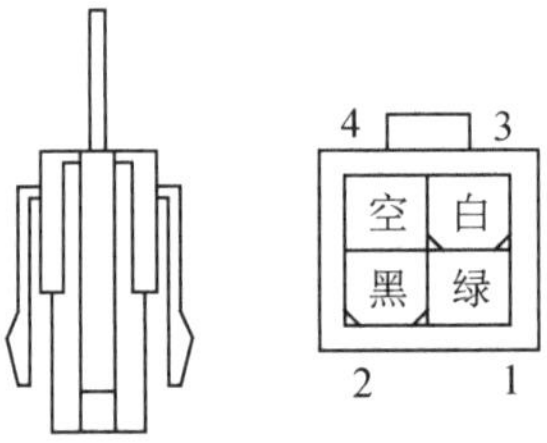

图 4-5 计价器与 ISU 连接器示意

表 4-3 计价器与 ISU 连接器各连接线定义

接口	1	2	3
颜色	绿	黑	白
定义	通信线 RX232_RXDO(ISU)	接地线	通信线 RX232_TXDO(ISU)

4.3 乌鲁木齐市公共汽电车站点、线路基础地理信息编码规范

4.3.1 规范编制的背景和目的

随着全球定位系统(GPS)、地理信息系统(GIS)等技术的不断成熟及建设成本的逐步降低,车辆动态监控、调度等信息系统在乌鲁木齐市开始大量应用。然而,由于行业监管

部门与公交企业之间以及不同公交企业之间对公交基本数据的定义不同，没有形成科学的数据分类体系，且缺乏统一、完备的标准化数据支撑体系，导致不同部门之间信息难以共享。目前，乌鲁木齐市各公交企业已经开始应用公交智能化相关系统，未来计划建立行业监管信息管理系统以及公交信息发布系统。乌鲁木齐市现有 130 多条线路、1 100 多个站点，若采用各自的方式进行编码、存储，那么处理和使用方式也会不尽相同，系统间的数据交互将极不方便。

通过编制《乌鲁木齐市公共汽电车站点、线路基础地理信息编码规范》(DB 65/T 3874—2016)将乌鲁木齐市公交线路和站点的基础地理信息编码统一起来，整合公交基础信息资源，以便行业监管部门、公交企业及第三方信息服务公司各自的公交信息系统之间可以交互，从而减少线路重复测绘工作。

4.3.2　规范总则

本规范的编制不仅为行业监管部门、公交企业及第三方信息服务公司等公交信息系统的开发应用单位提供了一套统一的有关公交站点、线路的编码方法，还与城市道路交通基础地理信息编码实现了兼容统一，从而为解决各单位及各部门的信息交换问题、基础信息重复采集问题提供了基础保障。本规范主要规定了乌鲁木齐市行政辖区内公交线路、首末站、中途站、枢纽站以及公交场站等基础设施的编码规则。

4.3.3　规范主要内容

1. 编码基本原则

编码应保持对象的唯一性及代码结构在长时间内的稳定性和确定性，同时根据行业需求有一定的扩展性。根据本规范编制的编码还应具有可操作性和简易性，从而满足行业内各部门的需求，方便使用和编码。

2. 公交线路编码规则

线路编码采用纯数字编码，由类别码、线路顺序码和扩展码三部分组合而成，自左至右共 8 位阿拉伯数字，如图 4-6 所示。

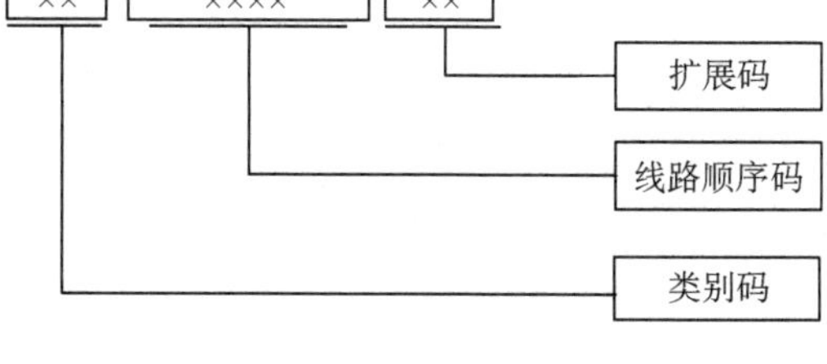

图 4-6　线路编码示意

类别码用于区分不同公交线路的类别属性，其代码见表 4-4，可根据公交企业运营需求进行扩展。

表 4-4 公交线路类别表

类别码	编码要素类别
01	快速公交
02	环线快客
03	常规公交
04	大站快线
05	直达公交
06	社区巴士
07	城郊客运班线
99	其他

公交线路的顺序码由 4 位顺序数字构成，由 0001 开始顺序编码。线路名称为数字类型和文字数字混合类型的线路，线路顺序码取值范围为 0001～9000，采用线路名称中的数字作为顺序编码，不足 4 位的，前面几位以 0 填充。线路名称为文字类型的线路，顺序码取值范围是 9001～9999，顺序编码。

扩展码用于表示线路的区间线、高峰线等信息，以便于公交调度实际使用，其代码见表 4-5。根据公交运营需求，扩展码的定义可以随公交的发展在 00～99 范围内扩充。

表 4-5 线路扩展码

代码	线路调度信息
00	普通线路
01	区间线路
02	早晚高峰线路
03	夜宵线路
99	其他

3. 公交场站编码规则

公交站点(场)分类包括首末站、中途站、枢纽站和公交场站几种类型。公交的中途站、首末站、枢纽站可由一个或多个公交站牌组成。多个相邻的公交站牌属于同一个公交站点。

公交站点(场)的编码由基础码、专业码、扩展码、站点分类码、站点顺序码和站牌顺序码构成，如图 4-7 所示。

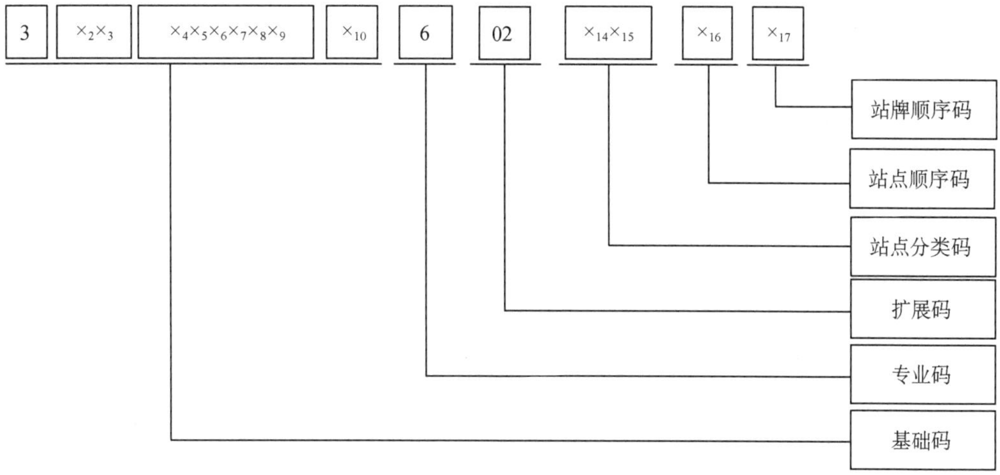

图 4-7　公交站点(场)编码方法示意

按《乌鲁木齐市道路交通基础地理信息编码技术规范》(DB 65/T 3872—2016)中的规定,公交站点(场)的基础码为 3,专业码为 6,扩展码为 02,在此三项编码确定的情况下,公交站点(场)的编码可以采用简码,如图 4-8 所示。

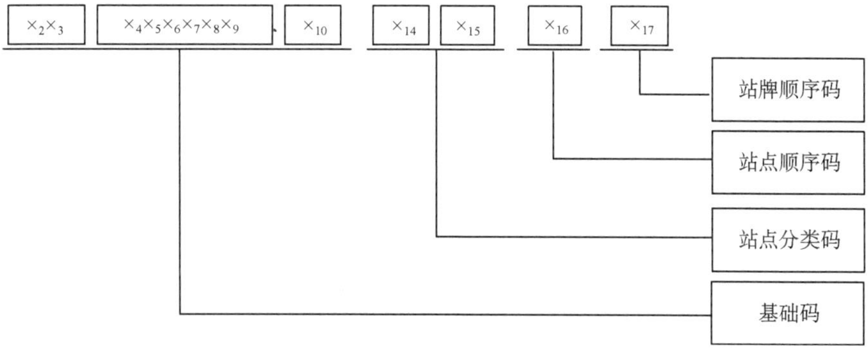

图 4-8　公交站点(场)简码示意

其中,基础码由类别码、分区码、格网码和位置码四部分构成,按照《乌鲁木齐市道路交通基础地理信息编码技术规范》(DB 65/T 3872—2016)的规定进行编码。

站点分类码表示公交站点(场)的类别属性,其代码见表 4-6。

表 4-6　站点分类码

代码	公交站点(场)类型
01	首末站
02	中途站
03	枢纽站
04	公交场站

站点顺序码由一位阿拉伯数字构成，编码范围 1～9，表示公交站点(场)在同一格网中的流水号。

站牌顺序码由一位阿拉伯数字构成，编码范围 1～9，表示同一公交站点所属的站牌。如果一个公交站点只有一个站牌，站牌顺序码为 1。如果一个站点有多个站牌，站牌顺序码由 1 开始往后编码。

4. 公交线路与站点数据结构

为了便于数据交换，本规范对公交线路、站点的数据结构进行了细化规定。其中，公交站点的数据结构见表 4-7。

表 4-7　公交站点的数据结构

元素名称	标识	数据类型	可否为空	备注
站点名称	StopName	字符型	否	行业管理部门提供统一站点名称
站点编码	StopCode	字符型	否	行业管理部门提供统一站点编码
站点经度	Longitude	浮点数	否	×××.×××××××(小数形式表达)
站点纬度	Latitude	浮点数	否	×××.×××××××(小数形式表达)
站点经停线路编码	LineCodesSet	字符型	否	停靠本站点公交线路编码的集合
所在行政区	District	字符型	否	
最后更新时间	UpdateTime	日期时间	否	格式：YYYY-MM-DD HH:MM:SS

公交线路的数据结构见表 4-8。

表 4-8　公交线路的数据结构

元素名称	标识	数据类型	可否为空	备注
线路编码	LineCode	字符型	否	行业管理部门提供统一线路编码
线路名称	LineName	字符型	否	行业管理部门提供统一线路名称
起点站编码	OriStopCode	字符型	否	行业管理部门提供统一站点编码
终点站编码	DestnStopCode	字符型	否	行业管理部门提供统一站点编码
公司简称	Operator	字符型		如乌鲁木齐公交集团、珍宝巴士集团
运营时间	RunTime	整型		0：全日，1：高峰，2：夜宵
起点至终点里程(上行)	mileage(up)	浮点数	否	单位：km
终点至起点里程(下行)	mileage(down)	浮点数	否	单位：km
途经路段编码集合	RoadLinksSet	字符型		公交线路经过的路段的中心点的集合，参照 DB 65/T 3872—2016 规定执行
最后更新时间	UpdateTime	日期时间	否	格式：YYYY-MM-DD HH:MM:SS

公交线路与站点的关联，即站点序列数据结构见表 4-9。

表 4-9　公交站点序列的数据结构

元素名称	标识	数据类型	可否为空	备注
线路编码	LineCode	字符型	否	行业管理部门提供统一线路编码
站点序号	StopNo	整型	否	上行从 1 开始，下行顺序续编
站点名称	StopName	字符型		行业管理部门提供统一站点名称
站点编码	StopCode	字符型	否	行业管理部门提供统一站点编码
站点经度	Longitude	浮点数	否	×××.×××××××(小数形式表达)
站点纬度	Latitude	浮点数	否	×××.×××××××(小数形式表达)
站址	StopAddress	字符型		站点的具体地址
站间里程	StopMileage	浮点数	否	当前站点距离前一个站点的里程，单位：km； 线路第一个站点的站间里程为 0 km
最后更新时间	UpdateTime	日期时间	否	格式：YYYY-MM-DD HH：MM：SS

第 5 章　停车信息化标准

5.1　停车信息化发展现状

2015 年 12 月，乌鲁木齐市委办公厅、市政府办公厅下发了《关于加强公共停车场服务管理工作的实施方案》，整合现有公共停车资源，将乌鲁木齐占道停车场委托城投公司统一经营管理，停车场审批管理权从各区收回，由市城管委主管、停车场管理中心具体负责。同时，根据“配建停车为主、占道停车为辅”的方针，大力建设立体停车设施，加大配建停车场的规范化管理力度，增加停车资源，鼓励引导社会力量积极投入停车设施建设。

为有效缓解停车压力，规范停车秩序，乌鲁木齐正在继续大力发展公共停车设施建设，改造、完善老城区公共停车设施，逐步规范减少占道临时停车，还路于民，为广大市民提供一个良好的出行环境。目前，乌鲁木齐市的停车诱导系统已覆盖 164 处停车场，安装有一级诱导屏 12 块，二级诱导屏 14 块，三级诱导屏 97 块（图 5-1）；同时，正在抓紧进行停车服务管理平台建设的前期工作。

图 5-1　道路停车信息诱导屏

5.2　乌鲁木齐市停车场（库）信息联网技术要求

5.2.1　背景情况

随着社会经济的持续快速增长，乌鲁木齐市的小汽车拥有量不断提升，城市交通也面临着严峻的压力和挑战。为了应对这一挑战，充分发挥城市道路交通功能，进一步改善城市道路的交通状况，在继续加大交通基础设施建设的同时，必须加强城市机动车停车综合管理，从而切实解决停车难问题。

目前，乌鲁木齐市的汽车保有量已达80万辆，主城区停车泊位总量仅有30万个，中心城区公共停车泊位仅有8.1万个，停车位严重不足。为了适应停车行业的需要，顺应时代的发展，建立一个完善的停车信息平台是必然趋势。

从国内外其他城市的停车场(库)信息联网情况来看，日本的中心城市较早建立了公共停车信息系统。在日本的道路交通信息发布系统(VICS)中，停车场(库)的空满状况信息与道路拥挤状况、交通事件等共同构成了实时动态的交通信息，为车载终端、手机、互联网等多种方式提供实时动态的交通信息。美国有两家专业经营停车信息采集和停车预约服务的企业，它们主要为本地或跨地区出行的驾驶人员提供停车位预约服务。

根据乌鲁木齐市委办公厅发布的《关于加强公共停车场服务管理工作的实施方案》，乌鲁木齐市公共停车场将逐步实现统一化的智能管理，统一管理后，将建设停车服务管理信息平台。为规范乌鲁木齐市公共停车场(库)的数据报送流程和报送格式，加强停车场日常经营数据联网接入管理，保障停车服务管理信息平台的信息数据安全，积极推进乌鲁木齐市公共停车场(库)信息联网，乌鲁木齐市制定了《乌鲁木齐市停车场(库)信息联网技术》(DB 65/T 4057—2017)。

本标准适用于与停车服务管理信息平台联网的公共停车场(库)信息系统的信息采集、传输和公共停车信息系统的信息发布，主要技术内容包括公共停车信息系统联网的术语和定义、联网方式、基本要求、功能要求和性能要求。

5.2.2 标准的主要内容

1. 术语和定义

本标准对公共停车场(库)、公共停车信息平台、专用车位和临停车位进行了定义，明确了公共停车信息平台的功能，并对专用车位和临停车位进行了区分。

(1) 公共停车场(库)是为机动车辆提供停车服务的经营性停车场(库)，包括社会停车场(库)和公共建筑配建的停车场(库)，但不包括道路停车场。

(2) 公共停车信息平台是用于整合停车信息资源，按照一定的标准规范完成停车数据的接入、存储、处理、交换、分发等功能，为停车信息服务提供数据支持的停车信息系统。

(3) 专用车位是指预留给固定用户的车位。

(4) 临停车位是指按小时计费或者按次计费的短时停放车位。

2. 功能要求

停车信息联网的功能要求分为车辆类别、数据类别、数据采集等10个部分。功能要求主要是为了保障停车数据能够按照规定的要求传输到停车信息平台。

上传的数据内容应包含车辆进出数据和车辆停放数据，其中车辆进出数据包括固定用户车辆和临停用户车辆的进场及离场信息；车辆停放数据包含总停车位数、总剩余车位数、专用车位总数、专用车位剩余数、临停车位总数和临停车位剩余数。

前端数据采集设备主要是各个停车场(库)安装的数据采集设备。数据采集设备应具备设备登记和设备退出功能,并记录停车场(库)的基本信息、登录平台和退出平台的时间。数据采集设备应通过通信接口将数据发送至公共停车信息平台,采用定时发送方式,按照一定的时间间隔发送数据,且时间间隔可设置。当停车信息平台成功接收数据后,数据采集设备应能接收并识别公共停车信息平台发送的确认数据。

数据采集设备与公共停车信息平台的通信应采用发送方与接收方数据同步的方式。当连接长时间无数据传输时,接收方可以主动断开连接。在约定的接收响应时间内,发送方未收到回复,则断开本次连接,等待重新连接,并发送当前时间的数据。若发送方收到接收方的回应为错误数据,则该条数据暂不发送,作为补发数据处理。发送方对于三天内未发送成功的数据自动进行补发。

同时,数据采集设备应具有定时自检功能,在发现自身故障时,能自动向公共停车信息平台发送故障信息,并同时在本地报警。

3. 性能要求

停车信息联网的功能要求分为掉电工作时间、数据存储、时间误差等八个部分。性能要求主要是保障停车数据能持续、及时、准确地从停车场(库)上传至公共停车信息平台。

为保障数据传输的持续性,在没有市电的情况下,停车场(库)安装的数据采集设备应能连续正常工作8 h;为了防止数据丢失,停车数据应能连续存储365天,并能以Excel文件导出。在市电断电的情况下,应能保证已有交易数据安全、完整;在市电重新供应的情况下,系统应能自动恢复正常。

为保障数据传输的及时性,数据采集设备传输停车信息的时间与北京时间的绝对时间误差应小于等于60 s。车位数据的传输频率为每60 s传输一次。数据采集设备状态数据的传输频率为每60 s传输一次。系统时间的校核频率为一天一次。

为保障数据传输的准确性,数据采集设备传输的剩余泊位数应大于等于零,且小于等于停车场(库)注册的总泊位数。从数据采集设备发出数据到公共停车信息平台接收到数据的时间应小于等于20 s。对于未成功传输的数据,每隔30 min需重新发送一次,且数据采集设备不应处于数据发送中断状态。

4. 通信协议

(1) 接入方式。数据采集设备通过外接通信设备或者直接与公共停车信息平台相连,从而实时向公共停车信息平台上传停车信息。

(2) 接口形式。数据采集设备宜采用有线方式上传数据,采用TCP/IP协议与公共停车信息平台连接。

(3) 数据内容。停车数据内容应包括六类:车辆进场数据、车辆离场数据、车位数据、数据采集设备状态数据、系统时间校核数据和确认数据。

① 车辆进场数据:在有车辆进场后应即时发送车辆进场数据到公共停车信息平台,车

辆进场数据由进场时间、进场类别、剩余车位和车辆号牌数据组成，如表 5-1 所列。其中，进场类别的取值范围为 0～255，“0”代表月租长包车辆，“1”代表时租访客车辆，“2”代表免费车辆，“3”代表异常未知车辆，其余数值预留。车辆号牌属字符串类型，格式应符合《IC 卡道路运输证件　第 3 部分：IC 卡道路运输证数据格式》(JT/T 825.3—2012)中附录 A.2 的规定。

② 车辆离场数据：在车辆离场后应即时发送车辆离场数据到公共停车信息平台，车辆离场数据由离场时间、离场类别、剩余车位、车辆号牌和时长金额组成，如表 5-2 所列。其中，离场类别参照进场类别的规定。

③ 停车场(库)车位数据应被定时发送，该数据由总停车位、固定车位总数、临停车位总数、总剩余车位、固定车位剩余数和临停车位剩余数组成，如表 5-3 所列。

④ 数据采集设备状态数据表示电子收费系统的工作状况，如正常、检修等，数据格式见表 5-4。数据采集设备工作状态的取值范围为 1～255。“1”表示数据采集设备工作状态正常；“2”表示数据采集设备工作状态异常；“3”表示数据采集设备处于调试状态；其余数值预留。数据采集设备报警状态使用 2 字节共 16 个标志位表示数据采集设备的报警情况，低字节 Bit0 为“1”表示数据采集设备处于备用电源供电；低字节 Bit1 为“1”表示数据采集设备工作异常；低字节 Bit2 为“1”表示数据采集设备处于人工控制状态。

⑤ 系统时间校核数据用于公共停车信息平台对各个数据采集设备进行时间校准，见表 5-5。

⑥ 公共停车信息平台接收到数据采集设备的数据后，应对其进行确认，确定数据由回应类型和错误代码组成，如表 5-6 所列。回应类型的范围为 0～255。“0”表示不使用；“1”表示对进场数据帧的回应；“2”表示对离场数据帧的回应；“3”表示对车位数据帧的回应；“4”表示对终端运行状态数据帧的回应；其余数值预留。错误代码的范围为 0～255。“0”表示没有错误；“1”表示数据校验错误；2～255 预留。

表 5-1　车辆进场数据格式

名称	进场时间	进场类别	剩余车位	车辆号牌
长度(字节)	6	1	6	12

表 5-2　车辆离场数据格式

名称	离场时间	离场类别	剩余车位	车辆号牌	时长金额
长度(字节)	6	1	6	12	9

表 5-3　车位数据格式

名称	总停车位	固定车位总数	临停车位总数	总剩余车位	固定车位剩余数	临停车位剩余数
长度(字节)	2	2	2	2	2	2

表 5-4　数据采集设备状态数据格式

名称	设备编码	数据采集设备工作状态	数据采集设备报警状态
长度(字节)	6	1	2

表 5-5　系统时间校核数据格式

名称	校准时间
长度(字节)	6

表 5-6　确认数据格式

名称	回应类型	错误代码
长度(字节)	1	1

5.3　乌鲁木齐市占道停车手持式电子收费设备技术要求

5.3.1　背景情况

道路停车电子收费设备目前在国内一些城市用于辅助道路停车人工收费。道路停车电子收费设备可以记录车牌号,以及精确地记录停车的起始时间、终止时间,自动计算停车费,并且支持公共交通卡付费。道路停车电子收费设备大幅度地提高了道路停车收费的精度和管理效率,是道路停车有效的管理工具。因此,规范道路停车电子收费设备的功能、技术指标、性能参数等将有助于道路停车电子收费设备的推广应用。

本标准在编制过程中主要参照了相关的技术标准和规范,如《道路停车自动计时收费仪表(咪表)技术规范》中规定的内容,修改引用了其中部分内容。此外,本标准还借鉴了杭州道路停车手持式电子收费设备的基本功能,结合上海市道路停车手持式电子收费设备在试点过程中存在的主要问题,提炼出其中的共性部分,明确了一些关键性的功能要求和性能指标,写入本标准。

5.3.2　标准的主要内容

1. 术语和定义

本标准对占道停车电子收费设备、占道停车信息管理平台、自刷卡收费和代刷卡收费进行了定义。对标准中用到的术语,以及可能会产生歧义的用词也进行了说明。

占道停车手持式电子收费设备是指用于道路停车车位计时收费管理的手持式电子收费设备,用于显示车位的车辆停放状态,记录每个车位的车辆到达时间和离开时间及车辆车牌号，自动计算停车时长和停车费用，且支持IC卡付费。

占道停车信息管理平台是指用于实时采集占道停车手持式电子收费设备的交易数据，管理道路停车位和手持式电子收费设备，并对手持式电子收费设备的交易进行结算的信息系统。

自刷卡收费是指在停车人持有IC卡的情况下，停车收费员使用停车人的IC卡在手持式电子收费设备上刷卡完成道路停车收费的方式。

代刷卡收费是指在停车人使用现金付费的情况下，停车收费员收取停车人现金，并在手持式电子收费设备上刷自备IC卡完成道路停车收费的收费方式。

IC卡是指卡内嵌装微电子芯片，以非接触式操作方法与外部集成电路进行耦合操作的卡。

2. 功能要求

功能要求规定了占道停车电子收费设备的基本功能和必要功能。占道停车电子收费设备采用宫格形式的车位管理界面，支持手工键盘输入方式输入车牌号，同时预留拍照输入车牌号的功能模式，支持IC卡作为支付媒介，停车收费员上下班在电子收费设备终端签到。支持3G和4G无线数据传输，票据符合乌鲁木齐市财政局的票据规范。

(1) 界面管理：手持式收费设备采用宫格形式的车位管理界面，每个宫格代表一个车位；宫格颜色代表停车状态，绿色表示空位，黄色代表车位被占用，红色代表超时；空格可显示车位号和车牌号；宫格数量可通过信息平台进行调整设置。

(2) 牌照输入：支持手工键盘输入方式和手写输入方式输入车牌号。同时，预留拍照输入车牌号的功能模式。

(3) 拍照功能：手持式电子收费设备应具备拍照功能，带有大功率闪光灯，支持自动对焦。

(4) 付费功能：支付方式支持IC卡作为支付媒介，可区分自刷卡和代刷卡两种支付方式。手持式电子收费设备可根据停车时长计算停车费，支持IC卡刷卡支付停车费。界面宫格能够以不同的颜色区分泊位处于“空闲”“车辆预付停放时间内”“超过车辆预付停放时间”等不同状态。

(5) 关闭交易功能：车辆离开时，停车收费员可关闭交易，释放停车位。

(6) 余额查询功能：手持式电子收费设备支持在操作界面上查询IC卡余额，以及最近1次的使用记录，包括使用时间、使用类型、卡号、扣费金额和卡上余额等。

(7) 停车收费员考勤功能：停车收费员上下班在手持式电子收费设备终端进行签到，手持式电子收费设备能够记录停车收费员的上下班时间和该收费员对应的收费数据。

(8) 数据通信：当发生停车收费交易、管理员关闭交易或者强制关闭交易时，手持式电子收费设备即时将操作信息发送到占道停车信息管理平台。在没有通信网络的情况下，手持式电子收费设备仍然能够实现收费功能，并保存全部交易数据；当通信网络连通时，自动补发未上传的交易数据。通信方式支持 2G、3G、4G 无线传输。数据传输内容应至少包括交易类型、停车时长、车牌号、交易（或业务）流水号、手持式电子收费设备编号、IC 卡卡号、付费金额和路段编号等。

(9) 票据打印：可打印乌鲁木齐市税务部门印发的票据。可根据用户需要，补打印停车票据或重新打印停车票据。

(10) 数据管理：终端可以存储不少于 1 万条的记录，且安全存储周期至少达 7 天。手持式电子收费设备内的数据可以通过本机和占道停车信息管理平台进行读取。

(11) 参数设置：手持式电子收费设备应能通过费率配置卡、手持式电子收费设备或无线通信方式设置准确计费的各种可变动、可调设的费率参数和时间参数，包括设置付费方式和收费时间段。手持式电子收费设备能够通过无线网络，以占道停车信息管理平台的服务器时间为标准进行时钟校准，内容包括年、月、日、时、分、秒。

(12) 欠费车辆管理：交易传输到占道停车信息管理平台，平台对交易记录中的车牌号是否为欠费车辆进行判别。手持式电子收费设备接收占道停车信息管理平台的反馈信息，如果是欠费车辆，则给出提示。

(13) 自检功能：上电操作时，应先进行自检，检查内容应包括时钟、供电情况、费率配置情况和存储空间等。手持式电子收费设备应能通过状态指示灯或显示屏来显示故障信息，同时形成故障情况信息记录。

(14) 软件升级：手持式电子收费设备应能实现在线软件升级，并保证下载应用程序的完整可靠。下载软件应不影响使用。

(15) 接口：手持式电子收费设备的所有外部设备接口应符合《使用串行二进制数据交换的数据终端设备和数据电路终接设备之间的接口》(GB/T 6107—2000)的规定。

(16) 定位功能：手持式电子收费设备启动时，应能自动定位到所在收费路段的位置。

3. 性能要求

性能要求根据占道停车电子收费设备的最低性能指标进行规定，满足手持式电子设备在户外工作的基本要求。性能要求包括显示性能、屏幕分辨率、休眠激活、联网性能和防尘防水性能。数据传输要求规定了数据采集的准确率、误码率和漏码率；打印机性能规定了票据打印时间、打印机与手持式电子设备的连接时间。

为保障手持式电子收费设备的显示性能，具备室外操作清晰可见能力，要求手持式电子收费设备的屏幕在强光下可见，屏幕分辨率不低于 320×240。

为保障手持式电子收费设备的联网性能，要求在无线网络通信正常的情况下，手持式电子收费设备与占道停车信息管理平台之间建立连接的时间小于 6 s；数据传输应采用数据校验机制，数据传输准确率超过 99.8%；数据传输误码率和漏码率应低于 3‰。

为保障手持式电子收费设备的设备性能，手持式电子收费设备机具应达到电气设备防护 IP64 防尘、防水标准；符合《外壳防护等级(IP 代码)》(GB/T 4208—2017)的相关要求；采用平均无故障工作时间(Mean Time Between Failure, MTBF)衡量手持式电子收费设备的可靠性，手持式电子收费设备的平均无故障工作时间不得低于 20 000 h。手持式电子收费设备的电池和打印机电池一次充电后的使用时间不少于 8 h，待机时间大于 24 h，充放电次数大于 500 次，打印票据时间应小于 30 s。

为保障手持式电子收费设备的操作性能，操作温度为－20～60℃，工作湿度为 10%～95% RH 非凝结状态，最大跌落高度为 1.2 m 至硬质地面；另外，在网络环境正常的情况下，手持式电子收费设备从休眠状态激活到正常使用状态的时间小于 15 s。手持式电子收费设备的抗扰度限值应符合《信息技术设备、多媒体设备和接收机 电磁兼容 第 2 部分：抗扰度要求》(GB/T 9254.2—2021)的要求。

4. 检测与认定

通过目测法和相关检测工具对占道停车电子收费设备进行外观和结构检测，按各项功能的要求逐项进行检查，性能检测包括安全测试、环境适应性测试、抗扰度测试、可靠性及寿命测试，并由第三方进行审核认证。

5.4 乌鲁木齐市公共停车设施基础地理信息编码技术规范

5.4.1 背景情况

乌鲁木齐市交通综合信息平台是一个将用于实现不同功能的各种应用系统有效集成的复杂大系统，因而，各应用系统之间的互联互通、信息共享是确保平台规范协调发展的必要条件。平台需要从承担数据采集任务的现有各应用系统及各相关部门按照一定规则接入数据。然而，由于信息汇聚的各应用系统的建设主体、利益主体各不相同，要实现互联互通，就需要采用共同的基础标准，以保证数据的规范性和一致性。所以，在交通信息平台建设过程中，停车基础设施信息编码是一个无法回避的问题，也是乌鲁木齐市交通基础地理信息系统的重要内容，这对于乌鲁木齐市交通综合信息平台的成功搭建至关重要。

停车信息服务是城市交通信息服务的重要内容，而要做到停车信息服务，就必须有良好的基础设施数据支撑，停车基础设施信息的规范化和标准化正是保证停车信息质量的前提。

此外，要提高停车服务质量，特别是公共停车场(库)的服务质量，就需要对停车信息进行有效的监管，而采取信息化手段进行监管是最有效的手段。停车信息化的前提是各种信息的标准化、一致化，因此从行业管理的角度来看，停车设施基础地理信息的标准化也是十分必要的。由此便有了《乌鲁木齐市公共停车设施基础地理信息编码技术规范》(DB 65/T 3873—2016)。

5.4.2　标准的主要内容

5.4.2.1　编码方法

1. 编码原则

(1) 科学性和系统性。对编码要素分类要符合科学性和系统性的基本原则，既要完整地反映基础地理信息的层次结构，又要反映要素类之间的相关性与继承性。

(2) 稳定性和扩展性。编码应保持对象的分类和代码结构在较长时间内的稳定性和确定性，同时使底层的分类和设施数据要素在基础编码的基础上具有可扩展性。

(3) 准确性和完整性。根据概念模型确定要素的具体内容(即标准中所包含或选取的要素对象)，要素的选择取决于对现实世界抽象原则的确定。本标准是从基础地理信息的角度去选择要素，所选择的要素应具备语义上的准确性与内容上的完整性。

2. 编码结构

编码由5层共25位阿拉伯数字组成，具体结构如图5-2所示。

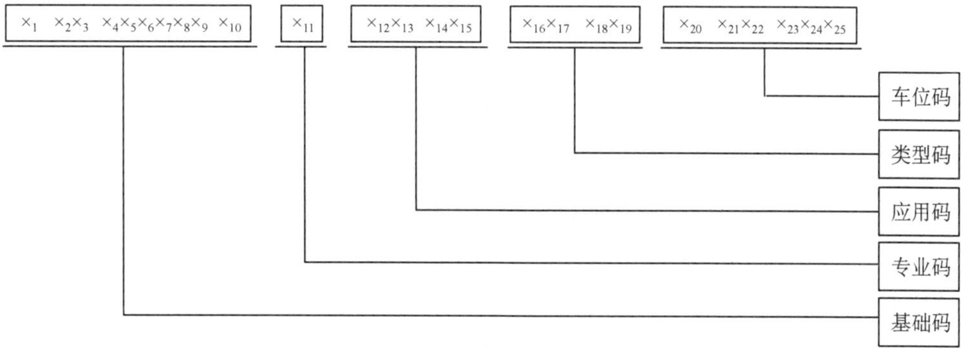

图5-2　编码结构

1) 基础码

基础码用于区分编码对象的空间地理位置，主要根据继承类型码编码，如线、线段、节点、分区、栅格、方向、对象编号等。

2) 专业码

专业码用于实现对编码对象的具体分类，继承于基础性代码。

3) 应用码

应用码主要针对编码对象不同的应用扩展属性进行分类，继承于专业性代码。

4) 类型码

类型码主要实现对公共停车设施的具体分类，根据乌鲁木齐市停车场(库)的类型，划分为公共停车场(库)、配建停车场(库)、专用停车场(库)和占道停车场。

5）车位码

车位码主要针对公共停车设施，根据停车位地理信息分类，继承位置码编码，包括：层、区、车位。

3. 基础码编码方法

1）基本要求

基础码表示被编码的公共停车设施处在不同的地域位置。公共停车场(库)、配建停车场(库)和专用停车场(库)以停车场(库)对主要入口的几何中心点所处的编码格网进行编码。占道停车场以所在道路的路段位置点所处的编码格网进行编码[道路的路段位置点生成方法见《乌鲁木齐市道路交通基础地理信息编码技术规范》(DB 65/T 3872—2016)]。

2）基础码结构

基础码由类别码、分区码、格网码和位置码四部分组合而成，自左至右共 10 位阿拉伯数字，结构如图 5-3 所示。基础码编码结构应符合《乌鲁木齐市道路交通基础地理信息编码技术规范》(DB 65/T 3872—2016)中 4.3 的规定。

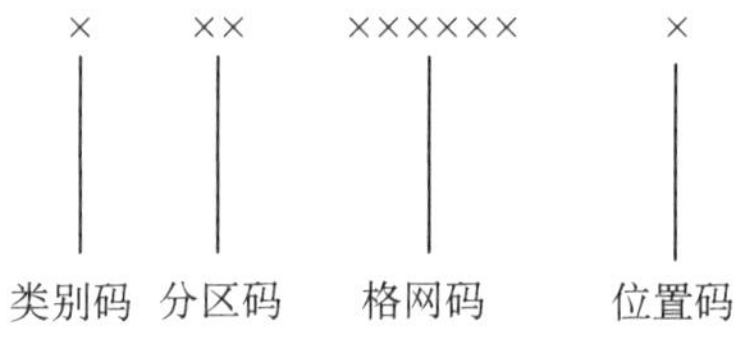

图 5-3　基础码编码结构

(1) 类别码。类别码以一位代码表示，用于区分不同编码要素的属性。公共停车场(库)、配建停车场(库)和专用停车场(库)以节点类别对象表示，类别码为 3。占道停车场以线段类别对象表示，类别码为 2。编码方式应符合《乌鲁木齐市道路交通基础地理信息编码技术规范》(DB 65/T 3872—2016)中 4.3.2 的表 1 规定。

(2) 分区码。表示公共停车设施处在不同的地理分区。以 30 km 为两线间距，采用东西向水平、南北向按斜率 k 的两线相交方式形成等边平行四边形分区，如图 3-3 所示。编码方式应符合《乌鲁木齐市道路交通基础地理信息编码技术规范》(DB 65/T 3872—2016)中 4.3.3 的规定。

(3) 格网码。格网码表示被编码公共停车设施位置点所处格网的六位代码。将每个分区格网按 30 m×30 m 划分为多个正方形格网，形成细分格网(图 3-4)。每一细分格网以六位代码来表示，前三位表示格网所处东西向位置，后三位表示格网所处南北向位置(图 3-5)。编码方式应符合《乌鲁木齐市道路交通基础地理信息编码技术规范》(DB 65/T 3872—2016)中 4.3.4 的规定。

(4) 位置码。位置码表示公共停车设施位置点在一个格网内的位置。将一个 30 m×

30 m的格网等分为9份，每一份的大小为10 m×10 m，每一份代表格网内的一个方位，有效值为1～9，具体如图3-6所示。编码方式应符合《乌鲁木齐市道路交通基础地理信息编码技术规范》(DB 65/T 3872—2016)中4.3.5的规定。

4. 专业码编码方法

专业性代码用于表示编码对象的专业分类，其代码长度为1位。编码方式应符合《乌鲁木齐市道路交通基础地理信息编码技术规范》(DB 65/T 3872—2016)中4.4.1表2的规定。

5. 应用码编码方法

应用码由扩展码和流水码两部分组成，自左至右共4位阿拉伯数字，其中扩展码2位，流水码2位。编码方式应符合《乌鲁木齐市道路交通基础地理信息编码技术规范》(DB 65/T 3872—2016)中4.5.2表3的规定。

6. 类型码编码方法

(1) 类型码结构：用于区分不同编码对象的类型，采用4位十进制数字码表示，结构如图5-4所示，其代码见表5-7。

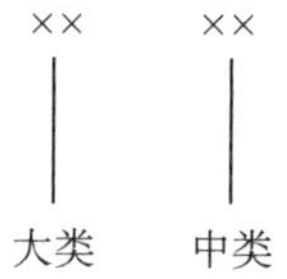

图5-4　类型编码结构

表5-7　类型码代码

大类代码	大类名称	中类代码	中类名称	说明
01	公共停车场(库)	0101		
02	配建停车场(库)	0201	住宅	宿舍公寓、保障性住宅、普通住宅
		0202	商业	专卖店、综合型商业、市场
		0203	服务	娱乐、餐饮、旅馆、服务网点
		0204	办公	商务写字楼
		0205	场馆、园林	影剧院、文化场馆、会展场馆、体育场馆、园林与广场
		0206	医疗	社区医疗、综合医疗、专业医疗、疗养院
		0207	学校	高等院校、中专及成教学校、中学、小学和幼儿园
		0208	交通	客运场站、货运场站
		0209	混合	商住楼、混合型建筑
		0210	其他	

（续表）

大类代码	大类名称	中类代码	中类名称	说明
03	专用停车场(库)	0301	办公	行政、科研与企事业
		0302	交通	加油站/加气站
		0303	工业	
		0304	其他	
04	占道停车场	0401		

(2) 类型码编码原则：类型码编码应符合停车场(库)的规划属性、管理属性和用地属性。

7. 车位码编码方法

(1) 车位码结构：用于区分被编码要素的不同停车位。车位码代码由楼层码、区块码和车位码三部分组合而成，采用 6 位十进制数字码表示，结构如图 5-5 所示。

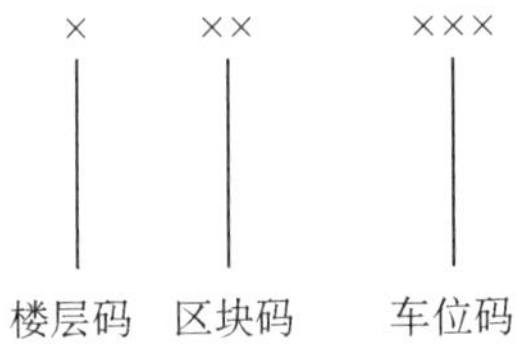

图 5-5　车位码结构

(2) 车位码编码原则：车位码应反映车位信息的层次结构，并与楼层、区块之间建立起对应关系。

8. 停车设施简码

为了减少无线通信的数据量，在公共停车设施基础地理信息编码的基础上，可应用简码。公共停车场(库)、配建停车场(库)和专用停车场(库)的基础地理信息编码简码参见图 5-6。占道停车场的基础地理信息编码简码参见图 5-7。

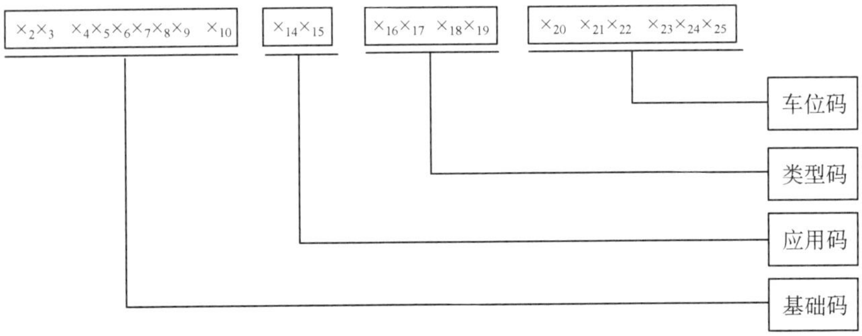

图 5-6　公共停车场(库)、配建停车场(库)和专用停车场(库)的简码示意

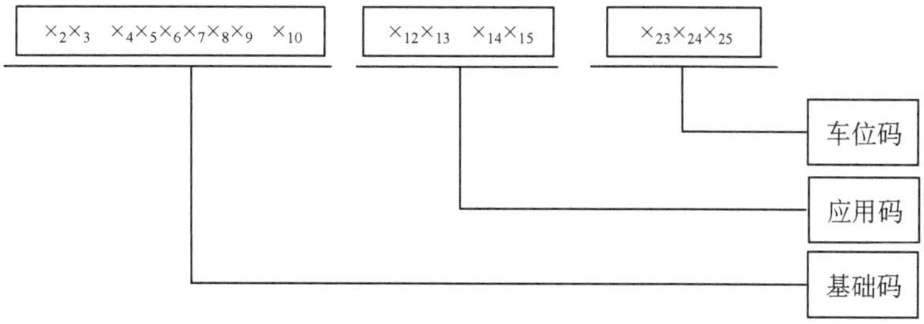

图 5-7　占道停车场的简码示意

9. 编码示例

对某道路路段各类公共停车设施的基础地理信息进行编码，包括公共停车场、配建停车场、专用停车场和占道停车场，结果见表 5-8。

表 5-8　编码示例

编号	说明	基础码	专业码	应用码	类型码	车位码	简码	备注
1	公共停车场	3081131141	7	0101	0101	000001	0811311410101010000001	—
2	配建停车场	3081131145	7	0101	0203	000001	0811311450102030000001	服务
3	专用停车场	3081131147	7	0101	0302	000001	0811311470103020000001	交通
4	占道停车场	2081131142	2	3201	0401	000001	0811311423201001	—

5.4.2.2　公共停车设施属性描述

公共停车设施属性包括停车场(库)所处的行政区、街道、地址、性质、停车数量等，具体参见表 5-9。

行政区编号、街道编号、社区编号、性质、营业时间、收费方式、付费方式和出入口数由数据字典表示。

表 5-9　公共停车设施属性

属性序号	属性名称	字段类型	备注
1	行政区编号	Text	字典
2	街道编号	Text	字典
3	社区编号	Text	字典
4	地址	Text	
5	性质	Number	字典
6	停车数量	Double	
7	营业时间	Number	字典

（续表）

属性序号	属性名称	字段类型	备注
8	收费方式	Number	字典
9	付费方式	Number	字典
10	出入口数	Number	字典
11	出口地址 1	Text	
12	入口地址 1	Text	
13	出口地址 2	Text	
14	入口地址 2	Text	
15	出口地址 3	Text	
16	入口地址 3	Text	
17	备注	Text	

5.4.2.3 公共停车设施数据字典

1. 行政区

行政区编码采用 6 位数字代码，表示县及县以上行政区划，应符合《中华人民共和国行政区划代码》(GB/T 2260—2007)中表 32 的规定，行政区数据字典如表 5-10 所列。

表 5-10 行政区数据字典

编号	行政区
650102	天山区
650103	沙依巴克区
650104	高新区(新市区)
650105	水磨沟区
650106	经开区(头屯河区)
650107	达坂城区
650109	米东区
650121	乌鲁木齐县

2. 街道

遵守《县级以下行政区划代码编制规则》(GB/T 10114—2003)中编码规则的规定，采用 9 位数字代码，前 6 位数字代码采用行政区划代码，后 3 位数字代码采用顺序码，具体见表 5-11。

表 5-11　街道数据字典

编号	街道	编号	街道
650102001	红雁街道办事处	650104002	二工街道
650102002	燕儿窝	650104003	三工街道
650102003	胜利路街道办事处	650104004	石油新村街道
650102004	团结路街道	650104005	迎宾路街道
650102005	解放南路街道办事处	650104006	喀什东路街道
650102006	新华南路街道办事处	650104007	北站东路街道
650102007	和平路街道办事处	650104009	天津路街道
650102008	解放北路街道办事处	650104010	银川路街道
650102009	幸福路街道	650104011	南纬路街道
650102010	东门街道办事处	650104012	杭州路街道
650102012	青年路街道办事处	650104015	高新街街道
650102013	翠泉路	650104400	长春中路街道
650102014	延安路街道	650105001	七纺片区
650102016	黑甲山	650105002	六道湾街道
650102017	赛马场管委会	650105003	苇湖梁片区
650102018	大湾管委会	650105004	景区
650102019	二道桥管委会	650105005	新民路街道
650102020	大小西门管委会	650105006	南湖南路街道
650103003	扬子江街道	650105007	南湖北路街道
650103004	友好南路街道	650105008	八道湾街道
650103005	友好北路	650105200	七道湾街道
650103006	八一街道	650106001	钢城片区
650103007	炉院街片区管委会	650106002	火车西站街道
650103008	西山片区管委会	650106003	王家沟街道
650103009	雅玛里克山街道办事处	650106004	中亚南路街道
650103010	红庙子街道	650106005	北站西路街道
650103011	仓房沟片区管委会	650106006	嵩山街街道
650103012	火车南站管委会	650106007	友谊路街道
650103001	长江路街道办事处	650106008	中亚北路街道
650103002	和田街道办事处	650106009	乌昌路街道
650104001	北京路街道	650107001	艾维尔沟街道

（续表）

编号	街道	编号	街道
650107004	乌拉泊街道	650109002	地磅街道办事处
650107006	盐湖街道	650109003	卡子湾片区管委会
650107100	达坂城镇	650109004	东路街道办事处
650107200	东沟乡	650109001	石化街道
650107201	西沟乡	650121100	水西沟镇
650107202	阿克苏乡	650121101	安宁渠镇
650107400	柴窝堡管委会	650121204	青格达湖乡
650109005	古牧地西路街道	650121206	六十户乡
650109006	米东南路街道	650121207	萨尔达板乡
650109007	古牧地镇	650121208	甘沟乡
650109011	米东区芦草沟乡	650121210	永丰乡
650109012	柏杨河乡	650121212	板房沟乡
650109013	铁厂沟镇	650121213	托里乡

3. 社区

遵守《县级以下行政区划代码编制规则》(GB/T 10114—2003)中 4.2.2 的规定，采用 12 位数字代码，前 6 位数字代码采用行政区划代码表示，第 7～9 位数字代码采用街道代码表示，第 10～12 位数字代码采用三位顺序码表示，具体见表 5-12。

表 5-12　社区数据字典

编号	社区	编号	社区
650102001001	乌拉泊社区	650102003004	河坝巷社区
650102001002	红雁池东社区	650102003005	新东街社区
650102001003	东大梁社区	650102003006	胜利路社区
650102001004	乌拉泊村	650102003007	湖源巷社区
650102002001	燕尔窝北路西社区	650102003008	边瑞社区
650102002002	青水社区	650102003009	羊毛湖社区
650102002003	燕尔窝南社区	650102003010	多斯鲁克社区
650102002004	燕尔窝北路东社区	650102003011	新大社区
650102002005	红雁池社区	650102003012	湖源巷西社区
650102003001	三屯碑社区	650102004001	领馆巷北社区
650102003002	新华南路东社区	650102004002	文新社区
650102003003	南梁社区	650102004003	八户梁社区

（续表）

编号	社区	编号	社区
650102004004	延安路社区	650102006010	南郊客运站社区
650102004005	领馆巷南社区	650102007001	康泰社区
650102004006	皇城社区	650102007002	三山社区
650102004007	瓷厂社区	650102007003	体育馆路社区
650102004008	波斯坦巷社区	650102007004	东菜园社区
650102004009	广电社区	650102007005	人民南社区
650102004010	昌乐园社区	650102007006	国际城社区
650102004011	中环路南社区	650102007007	新湾社区
650102004012	后泉路社区	650102007008	二道湾路社区
650102004013	大湾北社区	650102008001	南大街社区
650102004014	团结社区	650102008002	和平北路社区
650102004015	夏玛勒巴克社区	650102008003	天山路社区
650102004016	中泉街南社区	650102008004	青年路社区
650102004017	南湾街南社区	650102008005	广场社区
650102004018	南湾街北社区	650102008006	健康路社区
650102005001	山西巷社区	650102009001	幸福路社区
650102005002	新市路社区	650102009002	幸福集社区
650102005003	建中路社区	650102009003	天福社区
650102005004	永和巷社区	650102009004	四道巷社区
650102005005	育才巷社区	650102009005	北三巷社区
650102005006	天池路社区	650102009006	百信社区
650102005007	龙泉社区	650102009007	职大社区
650102005008	马市社区	650102009008	建国南社区
650102006001	南公园社区	650102009009	中环路北社区
650102006002	北国春城社区	650102009010	宏大社区
650102006003	五桥社区	650102009011	湖东社区
650102006004	河滩南路东社区	650102009012	幸福路南社区
650102006005	四桥社区	650102009013	城市花园社区
650102006006	三桥社区	650102009014	幸福园社区
650102006007	西河坝前街社区	650102010001	建国南路北社区
650102006008	西河坝后街社区	650102010002	东后南街社区
650102006009	团结西路社区	650102010003	东风路社区

（续表）

编号	社区	编号	社区
650102010004	东后北街社区	650102014004	吉顺路北社区
650102010005	五星南路社区	650102014005	西域轻工社区
650102010006	西后街社区	650102014006	团结东路社区
650102010007	东环西社区	650102014007	晨光社区
650102010008	前进东路社区	650102014008	东湾社区
650102010009	前进西路社区	650102014009	中湾街南社区
650102010010	建国北路社区	650102014010	吉顺路东社区
650102010011	光华路社区	650102014011	中湾街北社区
650102012001	光明路北社区	650102016001	二道湾东社区
650102012002	新西社区	650102016002	富巷社区
650102012003	新东社区	650102016003	北湾街社区
650102012004	建工社区	650102016004	富康街社区
650102012005	五星路西社区	650102016005	黑甲山前街社区
650102012006	五星路东社区	650102016006	后泉路北社区
650102013001	青年路东社区	650102016007	金银路社区
650102013002	翠泉南社区	650102016008	跃进街南社区
650102013003	向阳社区	650102016009	大湾北路西社区
650102013004	青年路南社区	650102016010	二道湾北社区
650102013005	碱泉东社区	650102016011	大湾北路东社区
650102013006	碱泉中社区	650102016012	黑甲山后街社区
650102013007	碱泉西社区	650102017001	水上乐园南社区
650102013008	月光社区	650102017002	十七户社区
650102013009	方圆社区	650102017003	榆园路北社区
650102013010	翠泉中社区	650102017004	榆园路社区
650102013011	日光小区社区	650102017005	水上乐园社区
650102013012	翠泉北社区	650102017006	赛马场西社区
650102013013	天府社区	650102017007	大湾南社区
650102013014	翠泉东社区	650102017008	赛北社区
650102013015	红桥社区	650102017009	赛马场东社区
650102014001	富泉街北社区	650102017010	十七户东社区
650102014002	富泉街社区	650102017011	红旗社区
650102014003	富康街北社区	650102017012	巴哈尔路南社区

（续表）

编号	社区	编号	社区
650102018001	延安东路社区	650103001006	碾子沟社区
650102018002	明华街社区	650103001007	冷库社区
650102018003	延安新村社区	650103001008	牛奶巷社区
650102018004	盐化社区	650103001009	奇台路社区
650102018005	大道社区	650103001010	新兴巷社区
650102019001	药王庙社区	650103002001	建机社区
650102019002	福寿巷社区	650103002002	和田街社区
650102019003	大巴扎社区	650103002003	交通社区
650102019004	固原巷社区	650103002004	公安社区
650102019005	新市路南社区	650103002005	水利社区
650102019006	跃进社区	650103002006	东一街社区
650102019007	双庆巷社区	650103002007	东二街社区
650102019008	二道桥社区	650103002008	黄河社区
650102019009	宽北巷社区	650103002009	三建西社区
650102020001	文化路社区	650103002010	珠江北社区
650102020002	春风巷社区	650103003001	人民公园社区
650102020003	中山路社区	650103003002	青松苑社区
650102020004	西河街北社区	650103003003	扬子江社区
650102020005	民主西路社区	650103003004	扬子江路东社区
650102020006	建设西路社区	650103003005	新华社区
650102020007	光明路南社区	650103003006	揽秀园社区
650102020008	红旗路社区	650103003007	孔雀社区
650102020009	人民路社区	650103003008	腾威社区
650102020010	西河坝社区	650103003009	十月社区
650102020011	西河街南社区	650103003010	黑龙江路社区
650102020012	建设路社区	650103003011	宝山路东社区
650102020013	小西门商业社区	650103003012	汇月社区
650103001001	经一路社区	650103004001	友好社区
650103001002	伊宁路社区	650103004002	明园有色社区
650103001003	经二路社区	650103004003	明园石油社区
650103001004	长江南路社区	650103004004	石油学院社区
650103001005	长江北路社区	650103004005	西北路北社区

（续表）

编号	社区	编号	社区
650103004006	西北路南社区	650103007002	和平桥社区
650103004007	虹桥南社区	650103007003	炉院北街社区
650103004008	虹桥北社区	650103007004	炉院东街社区
650103004009	金色花苑社区	650103007005	长征新村社区
650103004010	鸿雁社区	650103007006	变电站社区
650103005001	友好新村东社区	650103007007	棉花北街社区
650103005002	友好新村西社区	650103007008	棉花南街社区
650103005003	师大社区	650103007009	苍南社区
650103005004	八楼社区	650103007010	仓北社区
650103005005	军区医院社区	650103007011	天山建材社区
650103005006	友谊社区	650103007012	仓西社区
650103005007	宝地社区	650103007013	双和社区
650103005008	石家园子社区	650103007014	珠江南社区
650103005009	利民社区	650103008001	环卫路社区
650103005010	泰华社区	650103008002	马料地街南社区
650103006001	古城南社区	650103008003	儿童村社区
650103006002	瑞安社区	650103008004	华南巷社区
650103006003	农大社区	650103008005	西源社区
650103006004	电信社区	650103008006	骑马山路西社区
650103006005	邮政社区	650103008007	幸福屯社区
650103006006	农科院社区	650103008008	西山东街南社区
650103006007	金阳社区	650103008009	西盛社区
650103006008	锦花苑社区	650103008010	四道岔社区
650103006009	新北社区	650103008011	骑马山社区
650103006010	哈密西路社区	650103008012	水库街社区
650103006011	老满城社区	650103008013	兴荣巷社区
650103006012	博物馆社区	650103008014	新运社区
650103006013	南昌路社区	650103008015	环卫路南社区
650103006014	南昌北路社区	650103008016	建陶社区
650103006015	国道社区	650103008017	大浦沟社区
650103006016	古城北社区	650103008018	永康一巷东社区
650103007001	炉院街社区	650103008019	马料地社区

（续表）

编号	社区	编号	社区
650103008020	中泰社区	650103010009	金泰社区
650103008021	西山东街北社区	650103010010	天海社区
650103008022	永乐一巷社区	650103010011	新居社区
650103008023	马料地街西社区	650103010012	汇珊园社区
650103008024	永平巷社区	650103010013	汇芙园社区
650103008025	平川路社区	650103010014	锦福苑社区
650103008026	新标社区	650103010015	汇嘉园社区
650103008027	芙蓉巷社区	650103010016	西环中路东社区
650103009001	光明社区	650103010017	泰秀社区
650103009002	冷库山社区	650103010018	福地社区
650103009003	南梁坡社区	650103010019	南苑社区
650103009005	古丽斯坦社区	650103010020	西城街北社区
650103009006	宝山社区	650103010021	西城街西社区
650103009007	校园社区	650103010022	康悦社区
650103009008	泰裕社区	650103011001	二十里店社区
650103009009	秀园社区	650103011002	仓泊社区
650103009010	西虹社区	650103011003	二道泉社区
650103009011	铁东社区	650103011004	仓谷社区
650103009012	铁西社区	650103011005	仓泉社区
650103009013	青峰社区	650103011006	仓荣社区
650103009014	青年社区	650103011007	仓盛社区
650103009015	雪莲社区	650103011008	仓欣社区
650103009016	宝山路西社区	650103011009	仓园社区
650103009017	新雅社区	650103011010	泉台子社区
650103010001	平顶山社区	650103011011	西梁社区
650103010002	克西路社区	650103011012	月明楼社区
650103010003	北园春社区	650103012001	火车南站
650103010004	公交社区	650104001001	北京路口社区
650103010005	头宫社区	650104001002	新医社区
650103010006	阿勒泰社区	650104001003	联建社区
650103010007	嘉和园社区	650104001004	北京南路社区
650103010008	新通社区	650104001005	中营工社区

（续表）

编号	社区	编号	社区
650104001006	蜘蛛山社区	650104004007	红庙社区
650104001007	贵州东路社区	650104004008	九家湾社区
650104001008	府友路社区	650104004009	商运司社区
650104001009	京都小区社区	650104004010	外运司社区
650104001010	阳光社区	650104004011	景宁社区
650104001011	呈祥社区	650104004012	锦山社区
650104001012	苏州路社区	650104005001	迎宾北一路社区
650104002001	江苏东路社区	650104005002	迎宾北二路社区
650104002002	北京中路社区	650104005003	新明社区
650104002003	科北社区	650104005004	三友社区
650104002004	长青社区	650104005005	迎宾西社区
650104002005	小西沟社区	650104005006	东风社区
650104002006	新体社区	650104005007	安新社区
650104002007	河南东路社区	650104005008	友谊路社区
650104003001	景苑社区	650104005009	飞机场社区
650104003002	汇轩园社区	650104006001	铁桥社区
650104003003	百园路社区	650104006002	五建社区
650104003004	祥和社区	650104006003	新兴社区
650104003005	花都社区	650104006004	四平路社区
650104003006	三工社区	650104006005	汇园社区
650104003007	兴安社区	650104006006	喀什东路社区
650104003008	和平桥社区	650104006007	晨光社区
650104003009	经环社区	650104006008	乌东站社区
650104003010	唐山路社区	650104006009	文轩社区
650104003011	新联路社区	650104007001	北二路社区
650104003012	北京北路社区	650104007002	迎宾路北社区
650104004001	石油新村社区	650104007003	地窝堡社区
650104004002	阿勒泰路社区	650104007004	迎亚社区
650104004003	锦峰社区	650104007005	澳华社区
650104004004	工运司社区	650104009001	天津路社区
650104004005	路北社区	650104009002	东方社区
650104004006	锦江社区	650104009003	建新社区

（续表）

编号	社区	编号	社区
650104009004	新和社区	650104015004	新洲社区
650104010001	鲤鱼山社区	650104015005	美林社区
650104010002	河滩北路西社区	650104015006	长春南路社区
650104010003	银川路社区	650104015007	长沙路社区
650104010004	西八家户社区	650104015008	新科社区
650104010005	上八家户社区	650104400001	万盛社区
650104010006	小红桥社区	650104400002	锦秀社区
650104010007	八家户社区	650104400003	锦程社区
650104010008	锦苑社区	650104400004	海宝社区
650104010009	泉州街社区	650104400005	新盛社区
650104010010	汇展园社区	650104400006	天津北路社区
650104010011	天山花园社区	650104400007	长春北路社区
650104010012	华源社区	650105001001	花苑社区
650104011001	青海路社区	650105001002	团结社区
650104011002	南一路社区	650105001003	众泰社区
650104011003	南二路社区	650105001004	田园社区
650104011004	南三路社区	650105001005	新纺社区
650104011005	北二路社区	650105001006	温泉西路社区
650104011006	太原路社区	650105001007	清泉社区
650104011007	北一路社区	650105001008	温泉社区
650104011008	北纬三路社区	650105001009	北山社区
650104011009	北纬一路社区	650105001010	沿河路社区
650104012001	金谷社区	650105001011	温泉东路社区
650104012002	秀林园社区	650105001012	风景社区
650104012003	振兴社区	650105001013	南山社区
650104012004	河北西社区	650105001014	温泉北社区
650104012005	崇文社区	650105001015	沿河北社区
650104012006	杭州东路社区	650105001016	观园路社区
650104012007	兴奥社区	650105001017	康居社区
650104015001	天津南路社区	650105001018	团结北社区
650104015002	昆明路社区	650105001019	水磨沟村
650104015003	桂林路社区	650105001020	葛家沟村

（续表）

编号	社区	编号	社区
650105001021	石人子沟村	650105005002	红塔社区
650105001022	涝坝沟村	650105005003	金海岸社区
650105002001	五星北路社区	650105005004	新希望社区
650105002002	西虹东路社区	650105005005	爱心社区
650105002003	德裕社区	650105005006	爱心北社区
650105002004	南湖花苑社区	650105005007	新城社区
650105002005	克拉玛依东路社区	650105005008	兴惠社区
650105002006	天平社区	650105005009	荣惠社区
650105002007	北山坡社区	650105005010	银河社区
650105002008	双拥社区	650105005011	新民社区
650105002009	红星社区	650105005012	新大地社区
650105002010	融鑫社区	650105005013	南大湖社区
650105002011	六道湾社区	650105005014	成功东社区
650105002012	玉石城社区	650105005015	成功社区
650105003001	发源社区	650105005016	祥泰社区
650105003002	和谐园社区	650105005017	红山路社区
650105003003	新光社区	650105006001	克东路北社区
650105003004	昌盛祥社区	650105006002	安居北社区
650105003005	昆仑路社区	650105006003	旭东社区
650105003006	美丰社区	650105006004	安居社区
650105003007	斜井西社区	650105006005	华祥社区
650105003008	安居乐社区	650105006006	林科院社区
650105003009	运成社区	650105006007	绿苑社区
650105003010	斜井东社区	650105006008	劳动街社区
650105003011	立井南社区	650105006009	友谊社区
650105003012	立井东社区	650105006010	广场社区
650105003013	立井西社区	650105006011	华凌市场社区
650105003014	立井北社区	650105006012	南湖西路社区
650105003015	芙蓉社区	650105006013	宁苑社区
650105003016	融合社区	650105007001	苏州路社区
650105004001	公园社区	650105007002	宏怡社区
650105005001	新民西街社区	650105007003	友好社区

（续表）

编号	社区	编号	社区
650105007004	河滩社区	650106001016	顺河路西社区
650105007005	顺和社区	650106002001	车辆段路东社区
650105007006	八家户社区	650106002002	三十五户路社区
650105007007	红光山南社区	650106002003	乾园社区
650105007008	王家梁社区	650106002004	中枢路社区
650105007009	王家梁东社区	650106002005	金桥社区
650105007010	新跃社区	650106002006	东林街社区
650105007011	宏瑞社区	650106002007	沟西路社区
650105008001	新建社区	650106002008	西园街社区
650105008003	绿洲社区	650106002009	机务段路西社区
650105008004	丰华社区	650106002010	馨园社区
650105200001	新兴社区	650106002011	西林社区
650105200002	会展社区	650106002012	景明社区
650105200003	龙盛街社区	650106002013	秀丽社区
650105200004	关爱社区	650106002014	北五路社区
650105200005	红光社区	650106003001	储运新村社区
650105200006	和居社区	650106003002	新园社区
650106001001	魏户滩路社区	650106003003	西坪社区
650106001002	洛克伦街社区	650106003004	百园社区
650106001003	新村街社区	650106004007	中亚南路社区
650106001004	新立社区	650106004008	铁路花园社区
650106001005	柯坪路北社区	650106004009	白石桥社区
650106001006	西域社区	650106004010	卫星路社区
650106001007	东干渠社区	650106004011	团结新村社区
650106001008	顺河路社区	650106004012	南彩门社区
650106001009	新风路社区	650106005001	北站路社区
650106001010	八一路社区	650106005002	路北社区
650106001011	柯坪路西社区	650106005003	丝路社区
650106001012	滨河社区	650106006002	玄武湖社区
650106001013	新村东街社区	650106006003	黄山街社区
650106001014	顺河路北社区	650106006006	融南社区
650106001015	平安路社区	650106006007	西湖社区

（续表）

编号	社区	编号	社区
650106006008	泰山街社区	650109003002	佳园社区
650106007001	永睦社区	650109003003	利民社区
650106007002	迎宾北路社区	650109003004	象新社区
650106007003	永昌社区	650109003005	创业社区
650106007004	永盛社区	650109003006	文化路社区
650106008001	文苑社区	650109003007	华强社区
650106008002	科技园社区	650109003009	华瑞社区
650106008003	上海路社区	650109004001	新星社区
650106008004	喀什西路社区	650109004002	北苑社区
650106008005	迎宾桥社区	650109004003	南苑社区
650106008006	北彩门社区	650109004004	祥和社区
650106009001	永红社区	650109004005	益民社区
650106009002	孝感路社区	650109004006	永乐社区
650106009003	沙坪路社区	650109004007	振兴社区
650106009004	楼兰社区	650109004008	祥瑞社区
650109001001	中兴社区	650109005001	新华社区
650109001002	朝阳社区	650109005002	园艺社区
650109001003	安和社区	650109005003	八方社区
650109001004	光明社区	650109005004	佳和社区
650109001005	老指挥部社区	650109005005	安居社区
650109001006	奋进社区	650109005006	明珠社区
650109001007	佳瑞社区	650109005007	西营社区
650109002001	卡子湾村	650109005008	新园社区
650109002002	东山社区	650109005009	乐业社区
650109002003	大洪沟社区	650109006001	兴业社区
650109002004	健民社区	650109006002	同心社区
650109002005	金河社区	650109006003	小水渠社区
650109002006	东瑞北路	650109006004	虹桥社区
650109002007	碱沟社区	650109006005	龙泉社区
650109002008	小红沟社区	650109006006	常乐社区
650109002009	芦草沟社区	650109006007	众和社区
650109003001	育林社区	650109007001	佳乐社区

（续表）

编号	社区	编号	社区
650109007002	泰和社区	650109012001	和瑞社区
650109011001	人民庄子村	650109013001	瑞园社区
650109011002	集镇社区	650109013002	铁厂沟社区

4. 性质

停车场的性质应符合停车场(库)的规划属性、管理属性和用地属性，具体见表5-13。

表5-13　性质数据字典

编号	性质	备注
1	占道停车场	—
2	公共停车场(库)	公共停车设施
3	宿舍配建停车场(库)	集体宿舍、集体公寓等
4	保障性住宅配建停车场(库)	廉租房、公共租赁住房、经济适用房、限价商品房等
5	普通住宅配建停车场(库)	普通商品房、居民楼等
6	专卖店配建停车场(库)	专卖店、小型连锁店等
7	综合型商业场所配建停车场(库)	综合型超市、百货商场、购物中心等
8	市场配建停车场(库)	批发或零售市场、农集贸市场、菜市场等
9	娱乐场所配建停车场(库)	娱乐中心、俱乐部、休闲会所、活动中心、迪厅等
10	餐饮场所配建停车场(库)	餐馆、饭店、饮食店等
11	旅馆配建停车场(库)	招待所、旅馆、酒店、宾馆、度假中心等
12	服务网点场所配建停车场(库)	邮局、电信、银行、证券、保险等对外服务的分理处或营业网点
13	商务写字楼配建停车场(库)	—
14	影剧院配建停车场(库)	电影院、剧场、音乐厅等
15	文化场馆配建停车场(库)	图书馆、博物馆、美术馆、科技馆、纪念馆等
16	会展场馆配建停车场(库)	展览馆、会展中心等
17	体育场馆停车场(库)	比赛性体育场馆、训练性体育场馆、综合性场馆、健身中心等
18	园林与广场场所停车场(库)	城市公园、休憩广场、游乐场、旅游景区等
19	社区医疗场所停车场(库)	诊所、社区医疗中心、体检中心等
20	综合医疗场所停车场(库)	各级各类综合医院、急救中心等
21	专业医疗场所停车场(库)	—
22	疗养院停车场(库)	疗养院、养老院、康复中心等
23	高等院校停车场(库)	—

（续表）

编号	性质	备注
24	中专及成教学校停车场（库）	中专、职高、特殊学校及各类成人与业余学校
25	中学停车场（库）	高中、初中
26	小学和幼儿园停车场（库）	小学、幼儿园
27	客运场站停车场（库）	交通客运站、客运枢纽等
28	货运场站停车场（库）	货运站、货运码头、物流中心、仓储设施等
29	商住楼停车场（库）	包含商场/商店/商务与住宅的商、住两用的综合性建筑
30	混合型建筑停车场（库）	除商住楼之外的、使用功能包含了两种或两种以上建设项目大类的建设项目
31	其他配建停车场（库）	—
32	高级别墅专用停车设施	—
33	别墅专用停车设施	—
34	行政办公场所专用停车场（库）	党政机关、社会团体的办公楼等
35	科研与企事业办公场所专用停车场（库）	—
36	加油站、加气站专用停车场（库）	—
37	一类、二类工业场所专用停车场（库）	主要以轻工业为主，无污染
38	三类工业场所专用停车场（库）	主要以重工业为主
39	仓储场所专用停车场（库）	储备、中转、外贸、供应等各种仓库、油库、材料堆场及其附属设备等用地
40	物流场所专用停车场（库）	以第三方物流为主的仓储用地
41	企业研发场所专用停车场（库）	工业配套型产品研发
42	市政设施专用停车场（库）	非交通类的市政设施，如水厂、变电站等
43	其他专用停车场（库）	—

5. 营业时间

停车场（库）营业时间数据字典具体见表 5-14。

表 5-14　营业时间数据字典

编号	营业时间
1	全年全天
2	阶段性全天
3	全年时段性
4	阶段性时段性
5	其他

6. 收费方式

停车场(库)收费方式数据字典具体见表 5-15。

表 5-15　收费方式数据字典

编号	收费方式	单位
1	包月	元/月
2	白天按次	元/次
3	白天按时	元/小时
4	晚上按次	元/次
5	晚上按时	元/小时
6	免费	
7	其他	

7. 付费方式

停车场(库)付费方式数据字典具体见表 5-16。

表 5-16　付费方式数据字典

编号	付费方式
1	现金
2	公共交通卡
3	银行卡
4	专用卡
5	现金、公共交通卡
6	现金、银行卡
7	现金、专用卡
8	公共交通卡、银行卡
9	公共交通卡、专用卡
10	银行卡、专用卡
11	现金、公共交通卡、银行卡
12	现金、公共交通卡、专用卡
13	现金、银行卡、专用卡
14	公共交通卡、银行卡、专用卡
15	现金、公共交通卡、银行卡、专用卡
99	其他

8. **出入口数**

停车场(库)出入口数的数据字典具体见表 5-17。

表 5-17　出入口数的数据字典

编号	值域
1	0
2	1
3	2
4	3